Echos

d'une âme vagabonde

© 2024 Jérôme Boissinot-Pintas
Édition : BoD - Books on Demand GmbH, In de Tarpen 42,
22848 Norderstedt (Allemagne)
Impression : Libri Plureos GmbH, Friedensallee 273,
22763 Hamburg (Allemagne)
ISBN : 978-2-3225-3507-1
Dépôt légal : Décembre 2024

Préface

La catharsis

"Ecrire à toujours été mon refuge, mon moyen d'exprimer ce que les mots ne peuvent dirent.

Ces chansons et ces slams sont nés de la nécessité de donner une voix à mes émotions les plus profondes.

C'est à travers eux que j'ai pu guérir, grandir et mieux comprendre le monde qui nous entoure.

Je souhaite que ces mots puissent résonner en toi et t'aider à trouver ta propre voie.

Présentation

"J'ai commencé par couché mes émotions sur le papier, transformant mes doutes en mélodies et mes joies en rimes.

La chanson était mon exutoire, mais c'est avec le slam que j'ai trouvé ma voix.

Les mots, d'abords timides, se sont fait plus forts, plus percutants.

Ce livre retrace ce parcours, de mes premiers essais hésitants à mes textes plus aboutis"

Ombres

Dans l'ombre de la peur, un jugement cruel,

Un virus, un stigmate, un fardeau à porter seul.

Des mots qui blessent, des regards qui accusent,

Une société qui isole et qui refuse

Mais derrière chaque sourire, un coeur qui bat,

Une vie qui vaut, malgré le destin qui l'abat.

La séropositivité n'est pas une fatalité,

C'est un combat quotidien, une humanité.

L'ignorance est un fléau, la peur un poison,

Bisons les barrières, semons la raison.

L'amour et le soutien, voilà la solution,

Pour vivre ensemble, dans l'union.

Mais derrière chaque sourire, un coeur qui bat,

Une vie qui vaut, malgré le destin qui l'abat.

La séropositivité n'est pas une fatalité,

C'est un combat quotidien, une humanité.

Peau sensible

Dans un monde de bruit, je suis une île,

Où chaque mot résonne comme une pile.

Je sens trop, je ressens trop fort,

Chaque émotion est un long parcours.

Peau sensible, âme à vif,

Prisonnier d'un monde trop vif.

Je cherche un abri, un cocon doux,

Loin du chaos, loin du brouhaha.

Les couleurs sont saturées, les sons trop forts,

Je me noie dans une mer d'émotions tortues.

Un sourire, un regard, un geste anodin,

Pour moi, c'est un tremblement, un éboulement.

Peau sensible, âme à vif,

Prisonnier d'un monde trop vif.

Je cherche un abri, un cocon doux,

Loin du chaos, loin du brouhaha.

Mais dans cette fragilité, il y a une force,

Une sensibilité qui me rend unique, doux

Je vois le monde en couleurs, je l'entends

en musique,

Et même si c'est parfois dur, je ne voudrais pas

l'échanger.

Peau sensible, âme à vif,

Prisonnier d'un monde trop vif.

Je cherche un abri, un cocon doux,

Loin du chaos, loin du brouhaha.

L'ombre de l'arc-en-ciel

Dans les coeurs, des ombres d'allongent,

Peurs et jugements s'entremêlent.

Pourquoi tant de haine, de mépris ?

Pours des amours qui diffèrent.

Les mots blessants comme des flèches,

Visent ceux qui aiment en secret.

Mais l'amour est libre, il s'épanouit,

Malgré les chaînes qu'on veut lui forger.

Un jour viendra où les couleurs de l'arc-en-ciel,

Peindront les coeurs et les visages.

Où la différence sera célébrée,

Et où chacun pourra vivre en paix.

Ensemble, levons nos voix,

Pour un monde où l'amour à sa voix.

Chassons les ombres, semons la lumières,

Pour un avenir plus beau et plus fier.

Derrières les apparences

Je souris, je rigole, je vis ma vie,

Mais derrière ce masque, un combat se livre.

Un fardeau invisible, une douleur constante,

Un handicap discret, qui m'est pourtant pesant.

Je suis là, présent, mais absent à la fois,

Pris dans les mailles d'un système qui ne voit.

Que l'apparence, la santé parfaite,

Ignorant les souffrances qui minent mon être.

Mais je ne me laisserai pas abattre,

Je suis fort, je suis debout, je vais y arriver.

Mon handicap n'est pas une fatalité,

Je suis bien plus que ce que l'on voit de moi.

Les regards, les interrogations, les mots qui blessent,

Les préjugés qui collent à ma peau.

Mais je refuse de me laisser définir,

Par ce que les autres pensent de moi.

Je cherche ma place, je me bats pour exister,

Pour que mon handicap cesse d'être un mystère.

Pour que l'on comprenne que la différence est une richesse,

Et que chacun a le droit d'être soi-même.

Mais je ne me laisserai pas abattre,

Je suis fort, je suis debout, je vais y arriver.

Mon handicap n'est plus une fatalité,

Je suis bien plus que ce que l'on voit de moi.

Nouvelle Famille

Deux coeurs qui battent à l'unisson,

Un rêve qui prend vie, enfin.

Un petit bout de nous à aimer,

Notre famille, on va la créer.

Notre famille, amour infini,

Trois coeurs qui battent, unis.

Les bras grands ouverts, un nouveau départ,

Un bonheur simple, qui vient du coeur.

Des nuits blanches, des rires partagés,

Des premiers pas, des jeux inventés.

Une vie à construire, main dans la main,

Notre bonheur, il n'a pas de fin.

L'amour n'a pas de genre, il est universel,

Notre famille, elle est éternelle.

Ensemble, on écrira notre histoire,

Un chapitre d'amour, plein de gloire.

Notre nouvelle famille, amour infini,

Trois coeurs qui battent, unis.

Les bras grands ouverts, un nouveau départ,

Un bonheur simple, qui vient du coeur.

Nuits blanches

Sous le ciel étoilé, je tourne en rond,

Les heures s'égrenent, le sommeil m'a abandonné.

Les pensées tourbillonnent, comme des feuilles mortes,

Dans un esprit agité, les souvenirs se reportent.

Nuits blanches, nuits sans fin,

Prisonnier de mes rêves, je m'y perds.

Le temps s'étire, lent et pesant,

Quand l'aube se lève, je suis épuisé.

Les ombres dansent, les murs semblent s'éloigner,

Mon coeur bat la chamade, comme un tambour qui s'affole.

Je compte les moutons, mais ils s'envolent,

Et l'insomnie me tient prisonnier.

Nuits blanches, nuits sans fin,

Prisonnier de mes rêves, je m'y perds.

Le temps s'étire, lent et pesant,

Quand l'aube se lève, je suis épuisé.

Mais peut-être que ces nuits, aussi longues soient-elles,

Me permettent de mieux me connaître.

De comprendre mes peurs, de les affronter,

Et de trouver la force de me relever.

Nuits blanches, nuits sans fin,

Prisonnier de mes rêves, je m'y perds.

Le temps s'étire, lent et pesant,

Quand l'aube se lève, je suis épuisé.

Mais l'aube finira par venir,

Et avec elle, un nouveau jour.

Et l'espoir d'un sommeil réparateur.

Coup de coeur

Sous un ciel gris, la nuit était douce,

Un amour naissant, un coeur enjoué.

Mais l'ombre à rôdé, insidieuse,

Et l'amour s'est mué en fatalité.

Un coup de coeur, mais d'acier cette fois,

Trahison, haine, un cri qui s'éteint.

Un corps inanimé, sous les étoiles,

Un ami parti, le coeur brisé en deux.

Les souvenirs s'éffilochent, les rêves s'envolent,

Un sourire figé, une vie envolée.

La colère gronde, la douleur s'installe,

Un monde sans luis, tellement désolé.

Un coup de coeur, mais d'acier cette fois,

Trahison, haine, un cri qui s'éteint.

Un corps inanimé, sous les étoiles,

Un ami parti, le coeur brisé en deux.

Pourquoi cette violence, cette cruauté ?

Un amour devenu fatalité.

La vie est fragile, un fil qui se rompt,

Et laisse un vide, un grand désespoir.

Un coup de coeur, mais d'acier cette fois,

Trahison, haine, un cri qui s'éteint.

Un corps inanimé, sous les étoiles,

Un ami parti, le coeur brisé en deux.

A travers les âges

De l'enfance à la vieillesse,

Notre amitié, un trésor.

A travers les joies, et les peines,

Tu es toujours là, mon ami.

Souvenirs gravés dans nos âmes,

Rires partagés, larmes versées.

Un lien unique, indestructible,

Notre amitié, à jamais préservés.

A travers les âges, les saisons,

Notre amitié ne s'éfface pas.

Un phare dans la nuit, un réconfort,

Tu es mon ami, jusqu'au bout du chemin.

Même si la vie nous sépare,

Notre amitié restera entière.

Dans nos coeurs, tu seras toujours présent,

Mon ami, mon confident.

La mort n'aura pas raison de nous,

Notre amitié brillera toujours.

Au-delà de la vie, au-delà du temps,

Notre lien sera éternel.

A travers les âges, les saisons,

Notre amitié ne s'éfface pas.

Un phare dans la nuit, un réconfort,

Tu es mon ami, jusqu'au bout du chemin.

Sous un ciel de Mimosa

Sous un ciel de mimosa, tu as pris ton envol,

Les fleurs que tu aimais tant, maintenant te consolent.

Un jardin ensoleillé, ton âme y repose en paix,

Dans le souvenir doux, ton sourire ne s'éfface.

Tata chérie, ton absence laisse un vide immense,

Tes rires, tes conseils, un trésor sans défense.

Mais ton amour nous guide, comme un étoile filante,

Dans nos coeurs, tu vivras, éternellement présente.

Mimosa, mimosa, symbole de ton âme,

Ton parfum envahit l'air, comme une douce flamme.

Dans chaque pétale jaune, un souvenir enfoui,

Sous un ciel de mimosa, je pense à toi.

Les années passent, mais l'amour reste intact,

Ton souvenir est gravé, tel un tableau intact.

Dans ce jardin fleuri, où les oiseaux chantent,

Je viens te parler, tata, et mon coeur se libère.

Merci pour tout l'amour que tu nous as donné,

Tes valeurs, ta tendresse, un héritage bien donné.

Nous garderons ta mémoire, comme un précieux trésor,

Et quand le printemps revient, nous pensons à toi encore.

Mimosa, mimosa, symbole de ton âme,

Ton parfum envahit l'air, comme une douce flamme.

Dans chaque pétale jaune, un souvenir enfoui,

Sous un ciel de mimosa, je pense à toi.

Mots en Flammes

Dans l'éclair de la colère, les mots s'enflamment,

Des flèches empoisonnées, blessantes et violentes.

Ils brûlent les ponts, sèment la discorde,

Et laissent des cicatrices profondes dans le coeur.

Les mots ont un poids, plus lourds que le plomb,

Ils peuvent construire ou déconstruire, c'est selon.

Pris dans la tourmente, on perd le contrôle,

Et les mots les plus doux se transforment en holà.

Les regrets s'installent quand la tempête est passée,

Les mots prononcés en vain, jamais éffacés.

On voudrait revenir en arrière, mais le temps file,

Et les blessures infligées, laissent des traces indélébiles.

Les mots ont un poids, plus lourds que le plomb,

Ils peuvent construire ou déconstruire, c'est selon.

Pris dans la tourmente, on perd le contrôle,

Et les mots les plus doux se transforment en holà.

Alors apprenons à maîtriser notre langue,

A choisir nos mots avec soin, comme une baguette magique.

Car une fois prononcés, ils se rappellent pas,

Et les conséquences peuvent-être dramatiques.

Les mots ont un poids, plus lourds ue le plomb,

Ils peuvent construire ou déconstruire, c'est selon.

Pris dans la tourmente, on perd le contrôle,

Et les mots les plus doux se transforment en holà.

Parfois, les mots se perdent dans le chaos,

Emportés par la tempête, comme des feuilles mortes.

On cherche à se justifier, à blâmer l'autre,

Sans réaliser qu'on alimente le feu.

Mais ensemble, on peut apprendre à écouter et à pardonner.

Ombre d'un Ange

Un coeur en lambeaux, un vide abyssal,

Un rêve brisé, un espoir évanoui.

Un petit garçon, un nom déjà choisi,

Un amour inconditionnel, déjà promis.

Une fausse couche, un coup de poignard,

Un monde qui s'écroule, un coeur qui saigne.

Un ange volé, un présent assombri.

Les nuits sont longues, les souvenirs présents,

Un berceau vide, un silence assourdissant.

Les regards des autres, des questions sans fin,

Un poids sur l'âme, une peine infinie.

Un désir ardent, une flamme consumante,

D'un autre enfant, d'un nouveau départ.

Mais le destin est cruel, impitoyable,
Un espoir ténu, un rêve inaccessible.

Il porte en lui, une douleur indicible,
Un amour éternel, un lien indissoluble.
Un père en deuil, un coeur brisé en mille,
Pour un fils jamais né, un amour infini.

Un berceau vide, une étoile éteinte,
Un coeur en miettes, une âme blessée.
Les jours s'étirent, interminables,
Un présent figé, un futur incertain.

Les échographies, un souvenirs douloureux,
Un battement de coeur, un espoir naissant.
Puis le silence, un vide sidéral,
Un rêve brisé, un cauchemar infernal.

Peut-être es-tu une étoile, qui brille au-dessus,

Veillant sur moi, depuis le paradis.

Un jour, nous nous retrouverons,

Dans un monde où tout est permis.

Couleurs de l'Humanité

On naît, chacun unique, un puzzle vivant.

Des formes, des couleurs, un monde qui, chantant,

Des rêves, des peurs, un coeur qui bat fort.

Dans un humanité, un seul grand sort.

On parle, on pense, on aime, on souffre,

Des différences, on en fait un coffre.

On les cache, on les juges, on les nies,

Mais elles font de nous, une humanité.

Peaux de toutes teintes, yeux de toutes les nuits,

Des cultures, des langues, des histoires qui s'écrivent.

On a peur de l'autre, on le met à l'écart,

Mais la richesse, c'est dans cette diversité qu'un là.

Alors, ouvrons nos esprits, brisons les barrières,

Acceptons les différences, comme autant de lières.

Qui nous tissent ensemble un tapis coloré,

Où chacun à sa place, au soleil d'un jour.

Et dans ce grand tableau, mille nuances se mêlent,

Des coeurs qui s'aiment, des corps qui se révèlent.

Au-delà des genres, des normes et des lois,

L'amour est un flamme, ui brille à nos yeux.

Et pourtant, les jugements pleuvent, cruels, et lourds,

Sur ceux qui aiment différemment, sur d'autres parcours.

Mais l'amour n'a pas de genre, il est libre et pur,

Bisons les chaînes, ouvrons nos coeurs.

Et dans ce jardin, toutes les fleurs ont leur place,

Que l'on soit garçon, fille ou entre les deux, sans trace.

Acceptons-nous tels que nous sommes, avec nos différences,

Et bâtissons un monde où l'amour est sans interférences.

Ombre du virus

Microscopique fléau, insidieux poison,

Tu glisse en moi, sans crier gare, sans raison.

Au début, je ne te sens pas, tu es invisible à l'oeil,

Mais tu te multiplie, semant la peur dans mon corps, mon île.

Fièvre, fatigue, ganglions enflés,

Mon corps ce révolte, il crie à l'aide.

Les medecins confirment mes pires soupçons,

Le sida, ce mot résonne, comme un coup de tonnerre.

Immunité affaiblie, portes grandes ouvertes,

Les infections opportunistes, ces cales bêtes.

Pneumonie, tuberculose, cancers divers,

Mon corps se dégrade, lentement, inexorablement.

Les traitements existent, une lueur d'espoir,

Mais les effets secondaires, une épreuve à surmonter.

Nausées, vomissements, troubles du sommeil,

Mon corps est un champ de bataille, où la vie se meurt.

La peur de l'avenir, l'isolement, la solitude,

Le regard des autres, un poids lourd à porter.

Mais je me bats, je refuse d'abandonner,

Je veux vivre, aimer, malgré la maladie.

Alors, ouvrons les yeux, brisons les tabous,

Informons-nous, protégeons-nous.

Ensemble, luttons contre ce fléau,

Pour un monde où le Sida n'existera pas.

Rêves Enfouis

Regarde-moi, un corps qui craque, des cheveux qui blanchissent,

Le temps file, impitoyable, un sablier qui s'épuise.

Je me souviens des rêves d'enfants, grands comme le ciel,

Des promesses faîtes à moi-même, un contrat scellé.

Mais où sont-ils passés, ces élans, cette fougue ?

Enfouis sous la routine, les doutes, la fatigue.

J'ai peur de fermer les yeux, de ne plus jamais m'envoler,

De regretter amèrement les chances que j'ai laissées filer.

Je veux encore vibrer, créer, laisser ma trace,

Avant que le rideau ne tombe, avant qu'il ne soit trop tard.

Alors, je me lève, je crie, je refuse de capituler,

Je vais saisir ma vie à deux mains, la faire trembler.

Chaque jour est un nouveau départ, une chance de renaître,

De redéfinir mes rêves, de les faire grandir et s'épanouir.

Je ne suis pas un arbre mort, je suis une graine qui veut germer,

Et je vais faire éclore en moi, la force de me transformer.

Amour Indélébile

Deux coeurs qui battent à l'unisson,

Dans un monde qui juge, ils s'unissent.

Bras dessus, bras dessous, ils avancent,

Leur amour, un phare qui éclaire.

Plus qu'une simple attirance, c'est une fusion,

Une âme en deux corps, une douce illusion.

Dans leurs regards, un océan d'émotions,

Des promesses chuchotées, des dévotions.

Brisant les tabous, ils défient les normes,

Ecrivant leur histoire, loin des torpilles conformes.

Main dans la main, ils affrontent les tempêtes,

Et dans leurs sourires, l'amour respire.

Amour viril, amour tendre, amour pur,

Un amour unique, hors du commun, sûr.

Que les critiques sifflent, qu'elles s'en vont,

Leur amour est un trésor, un diamant.

Planète en détresse

Terre, ma mère, tu pleures en silence,

Tes glaciers fondent, tes forêts brûlent en cadence.

L'homme, ton enfant, te détruit lentement,

Avec ses usines et son appétit dément.

Réchauffement, fléau de notre temps,

La planète meurt, sous nos propres liens.

Ouvre les yeux, réagis, prends conscience,

Ensemble, sauvons notre belle existence.

Les océans montent, les espèces s'éteignent,

Notre maison brûle, l'avenir s'éteint.

Les tempêtes font rage, les sécheresses sévissent,

L'homme est le virus, la planète en est le patient.

Réchauffement, fléau de notre temps,

La planète meurt, sous nos propres liens.

Ouvre les yeux, réagis, prends conscience,

Ensemble, sauvons notre belle existence.

Plus d'excuses, plus de temps à perdre,

Agissons maintenant, avant qu'il ne soit trop tard.

Plantons des arbres, réduisons nos déchets,

Changeons nos habitudes, pour un avenir meilleur.

Frères d'Armes

On s'est rencontré un soir d'été,

Deux regards qui se croisent, un destin scellé.

Depuis, on partage tout, les rires, les pleurs,

Notre amitié, c'est plus fort que les heures.

Frères d'armes, on est liés pour la vie,

Dans les bons comme les mauvais, on s'unit.

Notre amitié, un trésor qu'on chérit,

Un lien indissoluble, qui ne s'oublie pas.

On à traversé les tempêtes ensemble,

Soutenu nos rêves, vaincus nos tremblements.

On s'est toujours dit la vérité en face,

Notre amitié, c'est une belle grâce.

Frères d'armes, on est liés pour la vie,

Dans les bons comme les mauvais, on s'unit.

Notre amitié, un trésor qu'on chérit,

Un lien indissoluble, qui ne s'oublie pas.

Des souvenirs plein la tête, des projets plein le coeur,

Notre amitié, c'est notre oeuvre d'art.

On est plus que des amis, on est une famille,

Notre amitié, c'est pour l'éternité.

Vendées Vibes

On est arrivés en Vendée, les valises pleines,

Prêts à vivre des aventures, loin du quotidien noir.

Un bar sur la plage, un verre à la main,

Les pieds dans le sable, on laisse le temps s'enfuir.

Vendée, Vendée, tu nous as fait vibrer,

Entre amis, on a tout partagés.

Des fous rires au marché, des nuits à la fête,

Des souvenirs gravés, une amitié parfaite.

On a dévalisé les restaurants, les huîtres et le vin,

Les papilles en fête, le coeur légé et loin.

La fête foraine, ses lumières, ses cris,

On a retrouvé notre âme d'enfant, le temps d'un frisson.

Les marchés nocturnes, une ambiance magique,

Les étals colorés, les odeurs qui nous attirent.

On a flâné, on a discuté, on a rigolé,

Ces moments simples, on les gardera à jamais.

Vendée, Vendée, tu nous as fait vibrer,

Entre amis, on a tout partagés.

Des fous rires au marché, des nuits à la fête,

Des souvenirs gravés, une amitié parfaite.

Entre les lignes

Ma belle-soeur, un rayon de soleil,

Mais mon coeur, un océan agité.

Des mots qui blessent, sans le vouloir,

Mon cerveau surchauffe, je m'en veux.

Hypersensibilité, c'est mon fardeau,

Je lis entre les lignes, c'est mon credo.

On se prend la tête, c'est notre refrain,

Mais sous la surface, un amour profond s'entraîne.

Mais je veux te dire tout ce que je ressens,

Mais mes mots se perdent, comme des vents.

Je t'admire, ta force, ta joie,

Mais mon monde intérieur, c'est la tempête.

Un câlin, un sourire, un regard bienveillant,

Et mon coeur se calme, apaisé.

Je cherche les mots justes, pour te le dire,

Mais l'hypersensibilité, me fait chanceler.

Peut-être un jour, on arrivera à se dire tout haut,

Ce qu'on ressent au plus profond de nos coeurs.

Jusqu'à ce jour, on continuera d'essayer,

De tisser des liens forts, malgré les épreuves.

On se prend la tête, c'est notre refrain,

Mais sous la surface, un amour profond s'entraîne.

Mais je veux te dire tout ce que je ressens,

Mais mes mots se perdent, comme des vents.

Je suis en apprentissage, à gérer mes émotions,

Pour que notre lien soit une belle dévotion.

Ma belle-soeur, merci d'être là,

Pour m'aider à grandir, jour après jour.

Eclats d'espoirs

Dans les décombres de nos âmes,

Un cri s'élève, faible et las.

Un monde en lambeau, déchiré,

Où l'humanité s'est égarée.

Mais au fond de nous, une étincelle,

Un espoir qui refuse de s'éteindre.

Un rêve de paix, de tendresse,

Où l'amour pourra enfin se répandre.

Les ombres s'allongent, les jours sont gris,

Mais dans nos coeurs, une lumière persiste.

Nous sommes les graines d'un nouvel aurore,

Prêts à bâtir un monde meilleur encore.

Car au fond de nous, une étincelle,

Un espoir qui refuse de s'éteindre.

Un rêve de paix, de tendresse,

Où l'amour pourra enfin se répandre.

Ensemble, main dans la main,

Nous changerons le cours des choses.

Unissons nos voix, semons la joie,

Et plantons les graines de nos espoirs.

Mais au fond de nous, une étincelle,

Un espoir qui refuse de s'éteindre.

Un rêve de paix, de tendresse,

Où l'amour pourra enfin se répandre.

Sournois

Yo, écoutez-bien, j'ai un truc à vous dire.

Un virus sournois, qui fait pas plaisir.

Le papilloma, c'est un nom, attention,

Chez les mecs aussi, çà peut causer des tensions.

On croît souvent que les HPV, c'est pour les filles,

Mais non les gars, ouvrez l'oeil, les infos sont utiles.

Verrues génitales, çà peut arriver,

Et dans les pires cas, le cancer peut s'installer.

Le préservatif, c'est la base, on le sait,

Mais le vaccin, c'est un plus, n'hésitez pas.

Protégez-vous, protégez les autres aussi,

La santé sexuelle, c'est pas un soucis.

On en parle pas assez, c'est un tabou,

Mais la prévention, c'est notre devoir.

Alors, les gars, soyons solidaires,

Parlons-en, informons-nous, soyons éclairé.

Papillomavirus, plus de secret,

On en parle haut et fort, c'est concret.

Pour un avenir plus sûr, pour chacun d'entre nous.

Alors n'hésitez plus, allez-y foncer,

Parlez-en à votre medecin, ne vous laissez pas faire.

Ensemble, on peut vaincre ce virus,

Pour un vie sexuelle plus sûre, c'est clair !

Secret de Famille

43 ans, un âge où l'on croit tout connaître,

Les racines, l'arbre généalogique, les portraits accrochés.

Mais un jour, un tremblement, une fissure dans le mur,

Un secret enfoui, un lourd fardeau à porter.

Un oncle, un inconnu, un fantôme dans ma vie,

Un an de plus que moi, quel mystère, quelle folie.

Son prénom, un voile, personne ne veut le lever,

Prisonnier de ce silence, je ne peux pas m'élever.

Des questions tourbillonnent, des réponses se dérobent,

Pourquoi ce silence ? Quelle honte, quelle peur se dévoile ?

Est-il malade ?En prison ? Ou simplement oublié ?

Ce secret familial me ronge, m'empêche de dormir.

Un oncle, un inconnu, un fantôme dans ma vie,

Un an de plus que moi, quel mystère, quelle folie.

Son prénom, un voile, personne ne veut le lever,

Prisonnier de ce silence, je ne peux pas m'élever.

Je crie, je hurle, je veux connaître la vérité,

Mais les murs sont épais, les regards se détournent de moi.

Je suis seul face à ce mystère, à cette énigme sans fin,

Quand est-ce que je pourrai enfin respirer, enfin m'en sortir ?Un oncle, un inconnu, un fantôme dans ma vie,

Un an de plus que moi, quel mystère, quelle folie.

Son prénom, un voile, personne ne veut le lever,

Prisonnier de ce silence, je ne peux pas m'élever.

Un oncle, un inconnu, un fantôme dans ma vie,

Un an de plus que moi, quel mystère, quelle folie.

Son prénom, un voile, personne ne veut le lever,

Prisonnier de ce silence, je ne peux pas m'élever.

Ame Bretonne

Je suis né ici, bercé par les vents,

Où la mer chante sa mélodie.

Terre de légendes, de fées et de saints,

La Bretagne, mon amour, ma patrie.

Des menhirs aux château-forts,

Un passé qui enflamme nos coeurs.

Des costumes brodés, des danses en cortèges,

Notre culture, un trésor immense.

De la côte sauvage aux landes verdoyantes,

Des îles mystérieuses aux forêts enchantées.

Chaque coin de terre raconte une histoire,

Un héritage que l'on chérit toujours

Bretagne, ô ma Bretagne,

Terres contrastes, beauté sauvage.

Tes couleurs, tes saveurs, ta langue,

Font battre mon coeur à chaque instant.

Le crépitement du feu de bois dans un cheminée,

Le goût des galettes et du cidre.

Les chants de marins qui résonnent,

Des souvenirs d'enfance qui me reviennent.

Je suis Breton, et j'en suis fier,

Mes racines plongent profond dans cette terre.

Un amour inconditionnel, un lien indéfectible,

La Bretagne, ma maison, mon univers.

De génération en génération,

Nous transmettons cet amour.

La Bretagne, c'est plus qu'un lieu,

C'est un âme, un coeur qui bat toujours.

Eclosion Sombre

Une cellule rebelle, une graine de peur semée,

Un tic-tac incessant, un destin scellé.

Le corps, une forteresse assiégée par l'ennemi,

Chimio, radio, les armes pour riposter.

Mais la maladie ronge, insidieuse et sournoise,

Chaque jour un combat, une force à remobiliser.

Cancer, bombe à retardement, tu exploses dans mon corps,

Un tsunami d'émotions, un monde qui bascule.

Mais je me bats, je résiste, je me laisse pas emporter,

La vie est un combat, et tu va le remporter.

Les cheveux qui tombent, la peau qui se craquelle,

La fatigue qui accable, le moral qui vacille.

Mais l'amour des miens me soutient, me donne la force d'avancer,

Ensemble, nous allons vaincre, cette épreuve transcender.

Je suis plus qu'une maladie, je suis un être humain,

Avec des rêves, des espoirs, une soif d'infini.

Je refuse de me laisser définir par cette épreuve,

Je suis un guerrier, et je vais me relever.

Cancer, bombe à retardement, tu exploses dans mon corps,

Un tsunami d'émotions, un monde qui bascule.

Mais je me bats, je résiste, je me laisse pas emporter,

La vie est un combat, et tu va le remporter.

La guérison, un chemin semé d'embûches,

Mais je continuerai à avancer, tête haute, pas sûr.

Car la vie est un cadeau, te je veux en profiter à fond,

Avec ou sans cancer, je serai toujours debout.

Mes compagnons à quatre pattes

Quatre pattes, un coeur en or,

Des yeux qui brillent plus qu'un trésor.

Mon chien, mon ami, mon confident,

Un amour sincère, sans artifices.

Ils sont ma famille, mes enfants à poils,

Ces créatures fidèles, ces âmes nobles.

Des balades sous la pluie, des câlins au soleil,

Avec eux, chaque instant est un réel privilège.

Des tours, des jeux, des bêtises aussi,

Mais leur joie me fait oublier les soucis.

Ils me guérissent le coeur, me donnent la force,

Ces anges à quatre pattes, ma plus belle ressource.

Certains les appellent animaux,

Mais pour moi, ils sont bien plus que çà.

Ils me comprennent sans un mot,

Un lien indéfectible, un amour qui ne s'éteint pas.

Ils sont ma famille, mes enfants à poils,

Ces créatures fidèles, ces âmes nobles.

Des balades sous la pluie, des câlins au soleil,

Avec eux, chaque instant est un réel privilège.

Chasseur d'Images

Dans un monde en couleur, je vois en noir et blanc,

Une esthétique brute, un univers sans temps.

L'appareil en main, je capture l'instant,

Une émotion pure, un regard qui s'implante.

Noir et blanc, ma palette, mon univers,

Chaque ombre raconte une histoire, un revers.

La lumière sculpte, révèle, transcende,

Dans ce monde monochrome, je me sens libre, étendu.

Les contrastes s'accentuent, les détails se précisent,

Le monde se simplifie, l'essentiel s'impose.

Je suis chasseur d'images, un explorateur d'âmes,

Dans chaque clichés, une part de moi-même s'enflamme.

Noir et blanc, ma palette, mon univers,

Chaque ombre raconte une histoire, un revers.

La lumière sculpte, révèle, transcende,

Dans ce monde monochrome, je me sens libre, étendu.

Au-delà de la technique, c'est une sensation,

Une émotion qui me transporte, que révélation.

Dans ce jeu d'ombres et de lumières, je trouve mon eden,

La photographie en noir et blanc, mon amour indéfectible, mon eden.Noir et blanc, ma palette, mon univers,

Chaque ombre raconte une histoire, un revers.

La lumière sculpte, révèle, transcende,

Dans ce monde monochrome, je me sens libre, étendu.

Corps brisé, Ame intacte

Miroir, miroir, qui suis-je ?

Un corps marqué, une âme qui crie.

Balafres, cicatrices, un puzzle brisé,

Où est passé l'enfant que j'étais ?

Corps abîmé, mais l'esprit est là,

Un combat quotidien, jour après jour.

Je cherche ma place, dans ce monde imparfait,

Avec mes blessures, je suis un artiste.

Les regards se posent, les jugements fustigent,

Mais derrière les apparences, un coeur qui bat fort.

Je suis plus que mon corps, plus que mes cicatrices,

Je suis l'histoire que je porte, avec ses lumières.

Corps abîmé, mais l'esprit est là,

Un combat quotidien, jour après jour.

Je cherche ma place, dans ce monde imparfait,

Avec mes blessures, je suis un artiste.

Chaque douleur est une leçon,

Chaque épreuve, une force qui m'éveille.

Je suis en reconstruction, un phoenix qui renaît,

Plus fort, plus beau, avec mon âme révélé.Corps abîmé,

mais l'esprit est là,

Un combat quotidien, jour après jour.

Je cherche ma place, dans ce monde imparfait,

Avec mes blessures, je suis un artiste.

Poumons vert et Butineuses

Les arbres, ces géants aux racines profondes,

Nos poumons verts, nos amis les plus proches.

Ils nous offrent l'air pur, un cadeau précieux,

Et abritent la vie, c'est un fait avéré.

Nature, notre mère, généreuse et belle,

Les arbres et les abeilles, une histoire éternelle.

L'oxygène circule, la vie s'épanouit,

Ensemble, nous formons un tout, c'est beau, n'est-ce pas ?

Les abeilles, ces ouvrières infatigables,

Butinent les fleurs, si adorables.

Elles pollinisent, assurent la diversité,

Sans elles, notre monde serait bien triste.

Nature, notre mère, généreuse et belle,

Les arbres et les abeilles, une histoire éternelle.

L'oxygène circule, la vie s'épanouit,

Ensemble, nous formons un tout, c'est beau, n'est-ce pas ?

Alors, plantons des arbres, protégeons les abeilles,

Pour un avenir plus vert, plein de merveilles.

La nature nous appelle, nous répondons à son cri,

Ensemble, créons un monde meilleur, oui !

Nature, notre mère, généreuse et belle,

Les arbres et les abeilles, une histoire éternelle.

L'oxygène circule, la vie s'épanouit,

Ensemble, nous formons un tout, c'est beau, n'est-ce pas ?

Océans en détresse

Bleu azur, autrefois si pur,

Aujourd'hui, un océan meurtri.

Plastiques, produits chimiques,

Un cocktail toxique, c'est terrible.

Océans, nos poumons bleus,

Souffrent de nos abus.

Chaque déchet, une blessure,

Un cri silencieux.

La faune marine, en danger,

Tortues, baleines, pris au piège.

Récifs coralliens, blanchis,

Un écosystème qui s'effondre.

Pêche intensive, surpêche,

Les ressources s'épuisent à vue d'oeil.

Les filets fantômes, une menace,

Pour les créatures des profondeurs.

Le réchauffement climatique,

Fait monter le niveau de la mer.

Les îles disparaissent,

Les côtes sont érodées.

Océans, nos poumons bleus,

Souffrent de nos abus.

Chaque déchet, une blessure,

Un cri silencieux.

Mais il n'est pas trop tard,

Pour inverser la tendance.

Chaque geste compte,

Pour un avenir plus vert.

Réduisons notre consommation,

Trions nos déchets.

Utilisons des alternatives,

Au plastique à usage unique.

Sensibilisons nôtre entourage,

Ensemble, nous pouvons changer les choses.

Pour les générations futures,

Un océan propre et préservé.

Racines

Dans les méandres du temps, nos racines s'enfoncent,

Un arbre généalogique où chaque branche raconte.

L'histoire de ceux qui nous ont précédés,

Leurs combats, leurs amours.

Des grains semées, ont fleuri nos jour.

Nos ancêtres, nos guides, nos étoiles dans la nuit,

Ils nous portent, nous poussent, nous donnent la vie en fruit.

Dans leur mémoire, nous trouvons notre force, notre identité,

Un héritage précieux, une éternelle fidélité.

Des paysans aux rois, des artistes aux penseurs,

Chacun a laissé sa marque, ses rêves, ses douleurs.

Dans leurs yeux, nous lisons les épreuves qu'ils ont surmontés,
Et dans leurs sourires, les joies qu'ils ont semées.

Nos ancêtres, nos guides, nos étoiles dans la nuit,
Ils nous portent, nous poussent, nous donnent la vie en fruit.
Dans leur mémoire, nous trouvons notre force, notre identité,
Un héritage précieux, une éternelle fidélité.

Alors chantons leurs noms, célébrons leur mémoire,
Car sans eux, nous ne serions pas là, dans cette histoire.
Ils sont les racines qui nous ancrent à la terre,
Et nous donnent la force d'affronter la tempête.

Nos ancêtres, nos guides, nos étoiles dans la nuit,

Ils nous portent, nous poussent, nous donnent la vie en fruit.

Dans leur mémoire, nous trouvons notre force, notre identité,

Un héritage précieux, une éternelle fidélité.

Brisé par les mots

Dans les couloirs, l'écho de mes cauchemars,

Des rires moqueurs, des regards qui me déchirent.

Je suis une cible, un paria, un être sans valeur,

Ecrasé sous le poids de leurs paroles meurtrières.

Des rêves enfouis, des ailes brisées,

L'école, une prison où je me suis ensorcelé.

Chaque jour, un combat pour exister,

Mais leur haine me pousse au bord du précipice.

Je suis fort, je suis brave, mais je suis aussi fragile,

Les mots blessent plus qu'un coup de poignard.

Ils ont volé ma joie, mon innocence, mon éclat,

Et laissé à la place, une cicatrice béante.

Mais je ne me laisserai pas abattre,

Je vais me relever, plus fort que jamais.

Je transformerai cette douleur en force,

Et je montrerai au monde que je suis invincible.

Génération connect

Ecrans brillants, monde virtuels,

Ils s'y perdent, ces gamins rebelles.

Un pouce qui glisse, un regard qui fixe,

Oubliant les jeux d'avant, les rires qui mixent.

Où sont passés les copains, les jeux de rue ?

Les ballons qui volent, la joie qui s'éclate.

Remplacés par des pixels, une solitude accrue,

Une génération connectée, mais un peu perdue.

Les cours de récré, des îles désertes,

Chacun dans son coin, les yeux rivés sur leurs cartes.

Plus de cache-cache, ni de bataille de neige,

L'amitié en ligne, c'est bien, mais çà ne suffit pas, hélas !

Où sont passés les copains, les jeux de rue ?

Les ballons qui volent, la joie qui s'éclate.

Remplacés par des pixels, une solitude accrue,

Une génération connectée, mais un peu perdue.

Il faut leur montrer, qu'il y a autre chose,

Que le monde réel, c'est bien plus qu'une pose.

Unissons nos voix, pour les éveiller.

Et les inviter à jouer, à s'émerveiller.

Où sont passés les copains, les jeux de rue ?

Les ballons qui volent, la joie qui s'éclate.

Remplacés par des pixels, une solitude accrue,

Une génération connectée, mais un peu perdue.

Alors, sortons nos ballons, nos cordes à sauter,

Et montrons-leur que la vie, c'est plus qu'à cliquer

La fin de vie

Vie, un fil ténu, un souffle qui s'en va,

Corps usé, esprit fatigué, l'âme en cavale.

Quand la souffrance est trop lourde à porter,

Quel droit avons-nous de nous laisser emporter ?

Mourir dans la dignité, un choix, un combat,

Libérer l'esprit, apaiser le coeur battant.

Loin des machines, des seringues, des tubes,

Revenir à la terre, aux racines, aux cubes.

Société, morale, tabous, on nous impose,

Une fin de vie figée, dans une boîte close.

Mais la vie est un cycle, un éternel retour,

Pourquoi tant de peur de l'au-delà, du grand noir ?

Mourir dans la dignité, un choix, un combat,

Libérer l'esprit, apaiser le coeur battant.

Loin des machines, des seringues, des tubes,

Revenir à la terre, aux racines, aux cubes.

On nous dit de tenir bon, d'endurer l'enfer,

Mais quand la souffrance nous dévore, qui nous entend ?

Le droit de choisir sa fin, c'est notre liberté,

Un acte d'amour, une ultime volonté.

Mourir dans la dignité, un choix, un combat,

Libérer l'esprit, apaiser le coeur battant.

Loin des machines, des seringues, des tubes,

Revenir à la terre, aux racines, aux cubes.

La mort n'est pas une fin, mais un nouveau départ,

Un passage vers l'inconnu, une page qui se tourne.

Alors, respectons ce choix ultime et sacré,

Donnons-nous le droit de mourir en étant aimé.

Larmes de pierres, sourires d'acier

Notre-Dame, mon île aux confins de la Seine,

Un écrin de pierres, une rêve émerveillé.

Des siècles ont passé, tu as vue la vie naître,

Tes tours, des sentinelles, ont bravées la tempête.

Vitraux éclatants, comme un ciel étoilé,

Des gargouilles grimaçantes, des histoires contées.

Tes murs, des parchemins, ont gardés la mémoire,

Des rois et de peuples, de joie et de gloire.

Mais un soir, le feu, un dragon infernal,

A léché tes entrailles, un cauchemar banal.

Tes poutres se sont tordues, tes cloches se sont tues,

Un pan de notre histoire, à jamais perdues ?

Notre-Dame, renaître de tes cendres,

Tes pierres pleurent, mais l'espoir ne s'éteint pas.

Des mains se lèvent, pour te reconstruire,

Un symbole d'unité, qui nous rassemble tous.

Les artisans, les artistes, unis dans un élan,

Pour te redonner vie, ton éclat d'antan.

Chaque pierre posée, une promesse d'avenir,

Notre-Dame renaîtra, plus belle que jamais.

Notre-Dame, phare dans la nuit parisienne,

Tu est plus qu'un édifice, tu es notre lienne.

Avec le temps, tu seras à nouveau là,

Témoin de nos vies, de nos jours et nos tourments.

Flammes Vendéennes

1789, un cri, un rêve, liberté,

Mais l'église et le roi, ils ont peur de la vérité.

En Vendée, le peuple se lève, un soulèvement,

Contre la république, un combat sans précédent.

Flammes Vendéennes, elles dansent la nuit,

Des clochers aux marais, un cri qui s'unit.

Des femmes et des hommes, armés de leurs fermiers,

Pour défendre leur terre, leurs valeurs, les miens.

Les Bleus arrivent, la terreur s'abat,

Les noyades, les fusillades, un destin scellé.

Les Vendéens résistent, mais les forces sont inégales,

Les colonies infernales, un calvaire inégalé.

Flammes Vendéennes, elles dansent la nuit,

Des clochers aux marais, un cri qui s'unit.

Des femmes et des hommes, armés de leurs fermiers,

Pour défendre leur terre, leurs valeurs, les miens.

Un chapitre sombre, une page de notre histoire,

Les Vendéens, des héros, malgré la victoire.

Leur mémoire perdue, un symbole de résistance,

Contre l'opposition, l'injustice, la violence.

Flammes Vendéennes, elles dansent la nuit,

Des clochers aux marais, un cri qui s'unit.

Des femmes et des hommes, armés de leurs fermiers,

Pour défendre leur terre, leurs valeurs, les miens.

Héros du feu

Casque vissé, courage en bandoulière,

Ils affrontent les flammes, sans broncher, ni rien dire.

Nos pompiers, nos héros, au coeur en or,

Risquent leur vie chaque jour, pour nous souvenir.

Au son de la sirène, ils accourent,

Contre les flammes, ils luttent.

Pour nos maisons, pour nos vies,

Ils sont nos anges, nos guides.

Malgré les jets de pierres, les insultes,

Ils restent forts, imperturbables.

Face au danger, ils ne reculent pas,

Pour nous protéger, ils donnent tout.

Au son de la sirène, ils accourent,

Contre les flammes, ils luttent.

Pour nos maisons, pour nos vies,

Ils sont nos anges, nos guides.

Alors, quand tu les vois passer,

Prends un instant pour les acclamer.

Ils méritent notre respect, notre admiration,

Ces héros du feu, notre nation.

Au son de la sirène, ils accourent,

Contre les flammes, ils luttent.

Pour nos maisons, pour nos vies,

Ils sont nos anges, nos guides.

Bal des bourgeons

Le printemps est là, enfin l'hiver s'en va,

La nature se réveille, un nouveau départ.

Les arbres se parent de leurs plus beaux atours,

Des bourgeons éclosent, tels de petits coeurs.

Oh, les bourgeons, petits trésors de la vie,

Qui éclatent de couleurs, sous le ciel si bleu.

Symbole d'espoir, d'un renouveau qui s'éveille,

La nature renaît, plus belle que jamais.

Les oiseaux chantent, un concert mélodieux,

Les fleurs s'ouvrent, une explosion de joie.

Le soleil caresse la terre, un doux baiser,

La vie reprend ses droits, un nouveau chapitre s'écrit.

Oh, les bourgeons, petits trésors de la vie,

Qui éclatent de couleurs, sous le ciel si bleu.

Symbole d'espoir, d'un renouveau qui s'éveille,

La nature renaît, plus belle que jamais.

Les oiseaux chantent, un concert mélodieux,

Les fleurs s'ouvrent, une explosion de joie.

Le soleil caresse la terre, un doux baiser,

Le vie reprend ses droits, un nouveau chapitre s'écrit.

Oh, les bourgeons, petits trésors de la vie,

Qui éclatent de couleurs, sous le ciel si bleu.

Symbole d'espoir, d'un renouveau qui s'éveille,

La nature renaît, plus belle que jamais.

Comme un nouveau départ, un souffle de vie,

La nature se réveille, sous nos yeux éblouis.

Les bourgeons s'ouvrent, une promesse d'avenir,

Un monde plus beau, où l'on peut revivre.

Oh, les bourgeons, petits trésors de la vie,

Qui éclatent de couleurs, sous le ciel si bleu.

Symbole d'espoir, d'un renouveau qui s'éveille,

La nature renaît, plus belle que jamais.

Au-delà des limites

Corps marqués, coeurs en feu,

Des défis, ils en veulent plus.

Roues qui tournent, prothèse qui brillent,

Des champions qui s'élèvent, repoussent les murs,

Avec courage et ténacité, leur étoile ils allument.

Paralympiques, guerriers de l'impossible,

Vous nous inspirez, vous êtes formidables.

Votre force, votre joie, votre lumière,

Eclatent plus fort que mille éclairs.

Sur la piste, dans la piscine,

Ils écrivent leur histoire, une ligne à la fois.

Avec leurs sourires, ils nous montrent le chemin,

Vers un monde plus juste, où chacun peut s'épanouir.

Ils nous rappellent que la victoire,

C'est d'oser être soi-même, quoi qu'il arrive.

Paralympiques, guerriers de l'impossible,

Vous nous inspirez, vous êtes formidables.

Votre force, votre joie, votre lumière,

Eclatent plus fort que mille éclairs.

Alors levons nos voix, pour ces héros du quotidien,

Qui nous prouvent que les limites, ce n'est que dans la tête.

Ils sont nos modèles, nos inspirations,

Et leur combat, c'est celui de toute l'humanité.

Noirceur

Dans les entrailles de la terre, où l'espoir s'éteint,

Sous le poids de la roche, un cri qui s'éteint.

Enfants aux visages creusés, mains calleuses et petites,

Travaillant dans l'ombre, loin des étoiles qui scintillent.

Poussières noires qui nous envahit,

Une toux qui nous tenaille, un souffle qui s'étiole.

La peur au coeur, le corps brisé,

Dans les galeries obscures, la vie est confisquée.

Les veines de charbon, notre unique trésor,

Mais à quel prix ? Un lourd fardeau.

Des hommes brisés, des familles en deuil,

Une société marquée par un profond éveil.

Nous sommes les oubliés, les invisibles,

Les voix étouffées, les âmes sensible.

Mais nôtre cri s'élèvera, plus fort que jamais,

Pour que nos souffrances ne soient pas oubliées.

Ombre de guerre

Dans les yeux des enfants, la peur s'est nichée,

Un cri silencieux, un espoir écrasé.

Les bombes pleuvent, la terre se fissure,

L'humanité chancelle, la vie vacille.

Les champs verdoyants, désormais champs de ruines,

Les rires d'antan, remplacés par les sirènes.

Les mères pleurent, les pères disparaissent,

Les âmes brisées, les rêves s'effacent.

Les soldats, des ombres, perdus dans la folie,

Portant le poids du monde, la mort aux trousses.

L'honneur, la patrie, des mots devenus vains,

Face à l'obscurité de ces jeux humains.

La guerre, un monstre, insatiable et cruel,

Dévorant tout sur son passage, sans règle.

Un cycle sans fin, une spirale infernale,

Où l'homme devient bête, sauvage et fatale.

Mais dans les ténèbres, une lueur persiste,

L'espoir d'un monde meilleur, où la paix subsiste.

Unissons nos voix, pour dire non à la guerre,

Pour que les armes se taisent et que les larmes cessent.

Les Enfers sur Terre

Dans les dédales de bêton, où l'espoir s'étiole,

Je suis un spectre, un fantôme, une âme ballottée.

La faim me ronge, le froid me glace,

La misère, mon bourreau, m'à pris en otage.

Les ries, mon royaume, les étoiles, mon seul luxe,

Je suis un chiffre, un anonyme, un grain de poussière

dans la brume.

Les regards me fuient, les portes se ferment,

Dans ce monde de paraître, je suis un éternel absent.

Je rêve de pain, d'un toit, d'un sourire,

D'une main tendue, d'un regard qui ne fuit pas.

Mais la réalité me rappelle à l'ordre,

Je suis un naufragé, perdu dans la tempête.

Je crie ma colère, ma révolte, mon désespoir,

Contre un système injuste, contre l'indifférence.

Mais ma voix se noie, étouffée par le bruit du monde,

Je suis un cri silencieux, un écho perdu.

Aux armes, citoyens 2.0

Aux armes, clavieristes, gamers, influenceurs,

Formez vos communautés, vos tribus virtuelles.

Allons enfants du numérique, du cloud et du streaming,

Un nouveau combat nous attend, une nouvelle scène.

Que veut cette horde de trolls, de fakes news, de haters ?

Envahir nos fils d'actus, nos espaces créateurs.

Quoi ! Ces algorithmes, ces bulles, ces filtres ?

Emprisonnent nos esprits, nos rêves les plus purs.

Tremblez, manipulateurs, et vous faussaires,

Vos likes ne nous achèterons pas, vos clics sont vains.

Français, en guerriers créatifs, réinventons le monde,

Avec nos mots, nos images, nos idées profondes.

Amour sacré de la connaissance, de la diversité,

Unissons nos voix, pour une humanité.

Nous entrerons dans la carrière, quand l'aurore se lève,

Pour bâtir un futur meilleur, où chacun s'élève.

Un Phénix de Scène

Né parmi les étoiles, un timbre de cristal,

Freddie, l'icône, le showman astral.

De Montreux aux stades, sa voix, un éclair,

Un hymne à la vie, qui nous libère.

Moustaches et paillettes, un look inimitable,

Son charisme fougueux, indétronable.

Queen, son royaume, son orchestre royal,

Un son unique, un univers total.

Il dansait avec le feu, défiait les normes,

Un esprit libre, loin des conformes.

Son énergie débordante, un ouragan,

Un amour inconditionnel pour son public, un fan.

Adieu, légende, mais ton esprit survit,

Dans chaque note, chaque mot qu'on retient.

Freddie Mercury, étoile éternelle,

Ton héritage musical, Intemporel.

Vitré, coeur battant de Bretagne

Vitré, cité millenaire, aux pierres qui murmurent,

Des légendes celtes, tes murs se souviennent.

Forteresse fière, aux temps du ducs de Bretagne,

Tes remparts ont vu passer les siècles sans s'ébranler.

De Riwallon à Montmorency, ta destinée à tourné,

Entre guerre et paix, ton nom à résonné.

Marchands et artisans, ont tissé ton histoire,

Dans tes ruelles pavées, se mêlent joie et gloire.

Ton château, vigie altière, surplombe la vilaine,

Témoin d'un passé glorieux, où la vie était pleine.

Tes maisons à pans de bois, aux couleurs pastels,

Raconte une époque où le temps s'écoulait lentement.

Vitré, ville d'art et d'histoire, un joyau breton,

Ton charme opère, dés le premier pas sur ton sol.

Tu nous invites à découvrir tes secrets enfouis,

Et à partager to âme, à l'abri des tes murs.

L'Enchanteur de la Forêt

Brocéliande, forêt ancestrale,

Où les légendes se mêlent aux arbres séculaires.

Merlin l'enchanteur, son maître, son sage,

Un esprit libre, un coeur sauvage.

Dans les profondeurs, ses secrets se cachent,

Des sorts tissés, des mystères qui s'y cachent.

Vivianne la fée, son amour, son piège,

L'a enfermé dans une bulle, un éternel siège.

Mais Merlin, c'est plus qu'une histoire,

C'est l'essence même de la victoire.

C'est le sagesse, la magie, la force,

Un symbole éternel, une source.

Alors, quand tu marches dans cette forêt,

Ecoute le vent, il te racontera cet état.

De Merlin, l'enchanteur, prisonnier et libre,

Dans Brocéliande, où le mystère s'insinue.

Rythmes et mélodies, mon âme en émoi

Imaginez un monde sans nom, un silence absolu,

Un vide abyssal, un désert acoustique.

La musique, c'est la vie, qui pulse, qui vibre,

Un baume pour l'âme, un remède qui libère.

Des notes qui dansent, des mots qui s'envolent,

Un voyage intérieur, où l'esprit s'abandonne.

La musique nous unit, nous rassemble, nous lie,

Un pont entre les coeurs, un langage qui nous relie.

Elle apaise les douleurs, chasse les soucis,

Elle nous fait rêver, nous donne des ailes pour s'envoler.

Elle nous pousse à danser, à chanter à tue-tête,

Un élixir de jouvence, une source d'énergie inépuisable.

Alors ouvrons grands nos oreilles, laissons-nous emporter,

Par les mélodies douces, les rythmes qui nous font vibrer.

Car la musique, c'est la vie, et la vie, c'est beau,

Un cadeau inestimable, qu'il faut chérir à chaque nouveau jour.

Elixir d'âme

Quand deux regards se croisent, l'univers s'arrête,

Un choc électrique, une fléchette au coeur qui bat.

L'amour, cet alchimiste, transforme les jours en éternité,

Un sortilège puissant, une douce folie.

Il te fait voler, te fait rêver, te fait grandir,

Un élixir d'âme qui te rend meilleur.

Il te fait rire, te fait pleurer, te fait vibrer,

Une symphonie d'émotions que tu ne veux plus quitter.

Mais l'amour, c'est aussi un combat, une épreuve,

Des doutes, des peurs, qui nous grignotent de l'intérieur.

Il faut le nourrir, le chérir, le protéger,

Comme une plante fragile, il a besoin de notre attention.

Alors aimons, aimons fort, aimons sans retenue,
Car l'amour, c'est la plus belle magie qui soit.
Il nous rend vivants, il nous donne un but,
Et même si tout s'écroule, il restera toujours une étincelle.

Ombre disparue

Petite ombre, féline noire,

Yeux d'étoiles, coeur de velours.

Tu étais mon secret, mon trésor,

Ma confidente aux nuits sans retour.

Tes ronrons, une douce berceuse,

Tes caresses, un réconfort.

Mais le destin, cruel et capricieux,

T'a emporté, loin de mon port.

Ton pelage doux sous mes doigts,

Ton regard pétillant, ton miaulement.

Chaque souvenir, une épine qui poignarde,

Un vide immense, un éternel silence.

Tu es partie, mais ton souvenir demeure,

Gravé à jamais dans mon coeur.

Petite chatte noire, mon ange,

Je t'aimerai toujours, jusqu'à mon dernier jour.

Prisonnier de moi-même

Coincé dans un tourbillon, une spirale infernale,

Le cerveau surchauffe, l'esprit se dérègle.

Un noeud au ventre, une boule dans la gorge,

Le stress me ronge, me mord, m'engorge.

Les secondes secondes s'éternisent, les minutes

s'enfuient,

Le temps s'accélère, puis ralentit.

Les pensées tournent en boucle, un manège infernal,

Je cherche un abri, un refuge mental.

Comme un bateau pris dans la tempête,

Je suis balloté, secoué, sans repère.

Les émotions débordes, un tsunami intérieur,

Je me noie dans mes angoisses, dans ma peur.

Le sommeil m'échappe, les nuits sont courtes,

Les cauchemars me hantent, les soucis me torturent.

Chaque bruit m'exaspère, chaque regard me juge,

Je me sens seul, isolé, comme un étranger.

Je me compare aux autres, je me trouve insuffisant,

Les exigences sont trop élevées, le poids est pesant.

Je veux tout plaire, tout réussir,

Mais la pression monte, je ne peux plus tenir.

Mais je vais me rebeller, je vais me libérer,

Je vais reprendre le contrôle, je vais m'affranchir.

Je vais chercher de l'aide, je vais me confier,

Je vais trouver des solutions, je vais me préserver.

Je vais apprendre à respirer, à me détendre,

A lâcher prise, à me faire confiance.

Je vais me reconnecter à moi-même, à mes valeurs,

Et retrouver la sérénité, la paix intérieure.

Moins un

Imagine, un corps en deux,

Un membre en moins, un adieu.

La douleur, un fantôme têtu,

Mais l'esprit, lui, reste debout.

On m'a dit : "C'est fini, pas d'espoir",

Mais l'espoir, c'est comme un feu de joie.

Il brûle en moi, malgré les lois,

Et me pousse à franchir les flots.

Une prothèse, un nouveau départ,

Un défi, un art.

Je danse, je vis, je joue mon rôle,

Mon corps transformé, mon âme toujours whole.

Moins un membre, mais plus fort l'esprit,

J'ai appris à me connaître, à exister.

L'amputation, un tournant, c'est vrai,

Mais la vie continue, à sa manière.

L'âme vagabonde

Je suis l'écho d'un vent qui souffle,

Un oiseau sans nid, un coeur qui roule.

L'âme vagabonde, libre et sauvage,

Je danse au rythme d'un étrange adage.

Les routes sont mes toiles, les villes mes musées,

Je collectionne les instants, les sourires, les bruits.

Mon sac à dos, mon unique demeure,

Je porte en moi mes rêves, mes espoirs, ma peur.

Je suis le grain de sable dans l'océan,

Une goutte d'eau dans l'immensité.

Je cherche un sens, une raison d'être,

Dans chaque rencontre, chaque nouvelle terre.

Mais l'âme vagabonde, c'est aussi une prison,

Une quête sans fin, une question sans raison.

Je suis le feu follet, la flamme éphémère,

Un voyage intérieur, toujours à recommencer.

Chaque lever de soleil, chaque coucher de lune,

Chaque rencontre, chaque paysage,

Une nouvelle toile pour peindre ma vie.

Dans l'étreinte de Gaïa

Sous un peau de bitume, un coeur de terre battante,

J'étouffe, je me noie dans ce monde d'artifice.

Mais quand je lève les yeux, un ciel immense s'étale,

Et l'appel de la forêt, me tire vers ses entrailles.

Dans chaque brin d'herbe, une vit jaillit,

Un arbre centenaire, témoin de mille nuits.

L'ait pur, un élixir qui lave mon esprit,

Le chant des oiseaux, une méthode infinie.

La terre sous mes pieds, une force ancestrale,

Je suis une feuille qui danse dans l'australe.

Le vent me caresse, l'eau me purifie,

Je suis une partie de cette symphonie.

Alors je m'enracine, je grandis, je respire,

La nature, mon refuge, où mon âme s'inspire.

Dans ce sanctuaire vert, je retrouve ma force,

Loin du tumulte, je suis sur la bonne corse.

Le fil de la mémoire

On dit qu'on évolue, qu'on change d'ère,

Mais nos racines, elles restent là, bien ancrées.

Les coutumes, c'est notre histoire, notre terre,

Un héritage qu'on transmet, de père en fils, de mère en fille.

Dans chaque geste, chaque mot, une mémoire,

Un lien avec nos ancêtres, une histoire.

Ces rituels, ces fêtes, ces saveurs,

C'est notre identité, qui nous différencie, qui nous sauve.

On peut s'adapter, les moderniser, c'est clair,

Mais sans oublier d'où on vient, on s'égare.

Nos coutumes, c'est notre boussole, notre phare,

Elles nous guident, nous montrent le chemin à suivre.

Alors oui, on change, on avance, c'est la vie,

Mais gardons nos racines, pour ne pas nous égarer.

Car c'est dans nos coutumes que réside notre vie,

Notre essence, notre âme, notre humanité.

Mémoire en miettes

Les mots s'envolent, emportés par le vent,

Les souvenirs se fissurent, un à un.

Les visages s'estompent, un brouillard s'installe.

L'Alzheimer, ce voleur, nous déshabille.

Dans les profondeurs de l'esprit, un combat s'engage,

Entre l'oubli et la raison, une lutte acharnée.

Les clés s'évaporent, les noms s'effacent,

L'identité se délite, lentement, lentement.

Mais au-delà de la maladie, un coeur persiste,

Un amour inconditionnel, qui persiste.

Dans chaque regard, une étincelle brille,

Un fragment de l'âme, qui ne s'éteint pas.

Les souvenirs, comme des photos jaunies,

Révèlent une vie riche, intensément vécue.

Et dans ces instants volés, une beauté surgit,

La force de l'amour, qui jamais ne s'abîme.

Alors, chantons l'alzheimer, ce géant invisible,

Qui nous rappelle la fragilité de l'existence.

Mais célébrons aussi la résilience de l'âme,

Et l'amour qui nous unit, au-delà de la mémoire.

Chant des marées

Ecoute ce murmure, ce souffle lent,

Le ballet incessant de l'écume argent.

Les vagues, des danseuses, gracieuses et libres,

Chantent leur hymne sur le sable, vibrantes et fières.

Chaque clapotis, un baiser à la terre,

Une histoire à raconter, une mélodie à faire.

Du berceau au tombeau, elles bercent nos rêves,

Les vagues, nos confidentes, nos amies, nos guides.

Sous le ciel étoilé, elles nous apaisent,

Dans la tempête, elles nous secouent, nous réveillent.

Elles nous rappellent notre place, notre essence,

Un grain de sable, une goute dans l'intensité.

Alors, fermons les yeux, ouvrons nos coeurs,

Et laissons-nous porter par ce chant des mers.

Car dans chaque vague, un fragment de nous-même,

Un écho infini, un souffle qui ne s'éteint jamais.

Liens brisés

On était soudés, une forteresse,

Unis par le sang, l'amour, la promesse.

Mais une ombre à traversé nos vie,

Une tante, une vipère, des mensonges à foison.

Elle à semé la zizanie, la haine, la discorde,

Déchiré les liens, coeur par coeur, corde par corde.

Les sourires ont laissé place aux pleurs,

Les rires aux murmures, les espoirs aux douleurs.

Les repas de famille, autrefois chaleureux,

Son devenus des champs de bataille, silencieux.

Les secrets enfouis, révélés au grand jour,

Ont mis à nu nos blessures, notre coeur en labour.

Mais on se relève, on se reconstruit,

Loin de cette ombre, de cette nuit.

On se retrouve, on se pardonne,

Pour que l'amour renaisse, plus fort qu'avant.

On écrira une nouvelle histoire,

Loin des mensonges et de la noirceur.

Une histoire d'unité, de force,

Où l'amour triomphera, toujours.

Voix étouffées, ailes coupées

Sous un ciel de poussière, où les rêves s'éffondres,

Des femmes afghanes, leurs espoirs suppliciés.

Prisonnières de leurs foyers, enfermées dans leurs corps,

Dépossédées de leur liberté, de leurs droits, de leurs mots.

La burqa, un linceul sur leurs visages radieux,

Cache des regards qui brûlent, des âmes en feu.

Eduquées, ambitieuses, elles aspiraient à tant,

Mais le fanatisme les a jetées dans un chant.

Des pas hésitants, des voix tremblantes,

Elles lèvent leurs yeux vers un avenir incertain.

L'éducation leur est refusée, leur travail est banni,

Elles sont des ombres, des fantômes, effacées de l'échiquier.

Mais sous ce voile noir, une flamme ne s'éteint,
Un désir ardent de vivre, de se sentir exister.
Elles se souviennent de leurs rires, de leurs rêves enfouis,
Et elles lèvent leurs voix, unis dans un seul cri.

Le monde les oublie, les laisse sombrer,
Mais leur courage est une étoile qui va briller.
Un jour, le voile tombera, les chaînes se briseront,
Et les femmes afghanes retrouveront leur liberté.

Chasse d'eau, gouffre d'eau

Imagine, une planète assoiffée,

Des rivières à sec, un cri qui s'élève.

Et nous, on tire la chasse sans y penser,

L'eau potable s'en va, un gâchis sans fin.

Chaque goutte compte, chaque litre est précieux,

Pour la vie, pour la terre, pour nos précieux.

Mais dans nos toilettes, l'eau coule à flot,

Indifférents à ce trésor, on s'en fout.

Réveillons-nous, ouvrons les yeux,

L'eau, c'est la vie, on ne peut s'en passer plus longtemps.

Des solutions existent, il faut les adopter,

Pour économiser l'eau, et la planète à sauver.

Pourquoi gaspiller l'eau potable pour rincer nos wc ?

Il existe des solutions alternatives, comme l'eau de pluie récupérée.

L'eau potable est un bien précieux,

Réservons-la pour ce qui compte vraiment.

Boire, cuisiner, nous laver.

Déchet Sociétal

Déchet, un mot qui colle à la peau,

Une étiquette qu'on ne veut pas porter.

Chaque syllabe, un coup de couteau,

Planté en plein coeur, pour me torturer.

Je suis plus qu'un déchet, un être humain,

Avec des rêves, des espoirs, des peines.

Mais vos mots, ils me déshumanisent,

Et me plongent dans un océan de peines.

Je suis fort, je me relève, c'est vrai,

Mais vos blessures, elles saignent à l'intérieur.

Alors, avant de juger, prenez le temps d'écouter,

Car derrière chaque mot, il y a un coeur qui peut souffrir.

Ecrire, c'est s'envoler

Un stylo, une feuille, un monde à créer,

L'écriture, c'est plus qu'une simple idée.

C'est libérer les mots, les émotions enfouies,

C'est danser avec ses pensées, les plus folles, les plus douces.

Ecrire, c'est voyager sans bouger de chez soi,

Explorer des univers, des rêves, un moi.

C'est sculpter ses histoires, les façonner à sa guise,

C'est se raconter, se révéler, s'émerveiller.

C'est apaiser l'âme, soigner les blessures,

C'est donner vie à ses peurs, à ses désirs les plus purs.

C'est un exutoire, un catharis, un refuge,

Un espace où l'on est libre, où l'on peut se réfugier.

Alors, attrape ton stylo, laisse tes mots s'envoler,

Ecris ta vie, ton histoire, et n'aie pas peur de t'éclater.

Car écrire, c'est vivre intensément,

C'est laisser une trace, un témoignage, un monument.

Agonie d'un géant

On était des Titans, fiers et debout,

Dominant le monde, un cri de partout.

Mais le temps a passé, les fissures ont grandi,

Notre géant s'éffondre, lentement il s'indigne.

Les engrenages grincent, la machine s'emballe,

L'espoir s'étiole, la peur s'installe.

Les rêves d'antan, des poussières envolées,

Les valeurs bafouées, les âmes écorchées.

On a construit des tours, toujours plus haut,

Ignorant la terre, le ciel, l'autre à côté.

On a cherché le profit, le pouvoir, l'or,

Oubliant l'essentiel, ce qui nous fait fort.

Mais dans les ruines, une étincelle peut briller,

Une nouvelle histoire, un nouveau chapitre à écrire.

Ensemble relevons-nous, changeons le cours,

Pour un monde meilleur, un nouveau départ.

Nuit Blanche

Dans le noir, mon cerveau, un cirque en feu,

Tourne, virevolte, s'enflamme, s'enfuit.

Pensées en boucle, un manège infernal,

Questions sans réponses, un éternel carnaval.

Les moutons sautillent, mais c'est peine perdue,

Mon esprit vagabonde, une étoile égarée.

Je compte les heures, les minutes, les secondes,

Tandis que mon cerveau, lui, se déconnecte.

Pourquoi, comment, où, quand, les questions fusent,

Un torrent de doutes, mon esprit se consume.

Je cherche le sommeil, un refuge illusoire,

Prisonnier des mes pensées, je suis un explorateur solitaire.

Mais au matin, le soleil se lève,

Et mon cerveau, épuisé, se calme, s'apaise.

Les réponses viendront peut-être un jour,

En attendant, je vis avec cette nuit noire.

Ombres Intérieures

Je suis le doute, l'ombre qui s'allonge,

Celui qui grignote, qui ronge.

Je suis la question sans réponse,

Le vent glacial qui glace l'espoir.

Je suis le doute, le serpent qui siffle,

Celui qui tisse sa toile subtile.

Je suis le doute, la voix qui murmure,

"Tu n'y arriveras jamais, c'est sûr".

Mais je suis aussi le moteur de la quête,

Celui qui pousse à toujours se dépasser.

Je suis le doute, le grain de sable qui irrite,

Celui qui fait naître l'envie d'agir vite.

Alors doute, ne me crains pas,

Car tu es aussi ma force, mon compas.

Ensemble, nous avancerons,

Vers un avenir où nos doutes se fondront.

Battre le rythme

Je suis un coeur qui bat, un souffle qui s'accroche,

Un esprit en lutte, un corps qui se torche.

Les chaînes de la maladie, les ombres de la peur,

Je les défie toutes, je les tiens à l'écart de la peur.

Dans les méandres de mon âme, un combat sans fin,

Contre les démons intérieurs, je tends la main.

Chaque pas est une victoire, chaque jour un défi,

Je refuse de céder, je veux continuer de vivre.

La vie est un chemin sinueux, parsemé d'épines,

Mais je trouve la force dans les plus petites lumières.

Les sourires volés, les moments suspendus,

Me rappellent que la vie vaut la peine d'être vécue.

Alors, je danse, je chante, je crie ma joie,

Malgré la douleur, malgré les larmes qui coulent.

Je suis un battant, un survivant, un éternel espoir,

Et je continuerai à vivre, à briller, à toujours croire.

Dans le coeur

J'ai cherché partout, dans les ombres, les lumières,

Un phare dans la nuit, un refuge contre les tempêtes.

Et puis, un jour, tu es arrivé, un sourire en bandoulière,

Mon meilleur ami, ma moitié, mon pilier, ma mélodie.

On a ri, pleuré, rêvé, volé,

Ensemble, on a écrit notre histoire, folio par folio.

Tu connais mes secrets, mes peurs, mes espoirs les plus fous,

Tu es le miroir de mon âme, confident, mon amoureux.

Dans les moments de doute, tu es là pour me relever,

Pour me rappeler qui je suis et ce que je veux devenir.

Avec toi, je me sens fort, invincible, prêt à affronter le monde,

Car l'amitié, c'est un lien indéfectible, un trésor sans fond.

Alors merci, mon ami, d'être toujours là,

Pour partager les joies et les peines, pour me soutenir.

Me faire grandir et devenir une meilleure personne,

Notre amitié, c'est un cadeau du ciel, un trésor à chérir.

Un monde sans masque

Imaginez un monde où les couleurs se mélangent,

Un tableau vivant où chaque trait compte.

Un monde où chaque voix peut s'élever,

Sans peur du jugement, libre et fier.

Fini les regards qui blessent, les mots qui fâchent,

Un nouveau chapitre où l'on s'accepte chacun.

Plus de cases à cocher, de normes à suivre,

Juste l'envie d'être soi, de s'épanouir et de vivre.

Un monde où l'on tend la main, où l'on se soutient,

Où l'empathie guide chacun de nos pas.

Un monde où la différence est une richesse,

Un trésor à partager, une source de fraîcheur.

Alors rêvons ensemble, construisons ce monde,

Où l'amour est roi, où la paix est profonde.

Un monde où chacun à sa place, sa lumière,

Un monde où l'espoir brille plus que jamais.

Ma fête funèbre

Quand viendra l'heure de m'en aller,

Pas de pleurs, pas de noir, pas de désespoir.

Je veux une fête, un dernier au revoir,

Sous le ciel bleu, loin du noir désespoir.

Au cimetière, là où reposent les miens,

Je veux danser, rire, oublier mes liens.

Des textes que j'aime, des musiques qui swing,

Pour célébrer la vie, même à mon dernier printemps.

Pas de discours tristes, pas de regrets amers,

Juste des souvenirs et des éclats de rire.

Je veux que ma mort soit une fête, un feu d'artifice,

Une dernière danse, une dernière grimace.

N'oubliez pas mon sourire, ma joie, mon éclat.

Organisez-moi une fête, un dernier éclat,

Pour que je puisse partir en dansant jusqu'au matin.

Eclats de moi

Je suis le rebus, le rebus de la société,

Un numéro, un spectre, une infamie.

Réduit à néant, à une simple étiquette,

Mon humanité, on l'a mise à la poubelle.

Je suis l'ombre, le fantôme dans la rue,

Celui qu'on évite, qu'on ne veut pas voir.

Un paria, un pestiféré, un inconnu,

Mon existence, un fardeau à porter.

Ils me jugent, ils me condamnent sans preuve,

Mon passé me colle à la peau, comme une gangrène.

Je suis le bouc émissaire, la cible toute prête,

Pour expier les fautes de cette machine.

Mais derrière ce masque de déchet, il y a un coeur,

Un esprit qui rêve, qui aspire à mieux.

Je suis un être humain, comme vous, comme eux,

Avec mes forces, mes faiblesses, et mes espoirs fous.

Vous m'avez enfermé dans votre jugement,

Dans u boite, un rôle, un destin tout tracé.

Mais j'ai déchiré l'étiquette, brisé les cadenas,

Et je me suis libéré de votre mascarade.

Vos mots, vos regards, ils glissent sur moi,

Comme la pluie sur un toit de zinc.

Je suis devenu sourd, je suis devenu aveugle,

A tout ce qui pourrait me retenir.

Je me fiche de ce que vous avez dit,

De ce que vous avez pensé de moi.

J'ai trouvé ma force au plus profond de moi,

Et je marche maintenant tête haute.

Je suis libre, enfin libre, de vos chaînes,

De vos jugements, de vos regards accusateurs.

Je suis maître de mon destin, de mes peines,

Et je construis mon avenir sur de nouvelles bases.

Alors, continuez à me pointer du doigt,

A me juger, à me mépriser.

Je suis plus fort que vous ne le pensez,

Et je vous laisserai tous, loin derrière moi.

Indifférence Royale

Il m'a jeté ses mots, des flèches empoisonnées,

Tenté de me réduire, de me faire croire moins.

Menaces et rabaissement, sa panoplie de choix,

Mais je lève les yeux, je lui souris, voix lointaine.

Il a cru me blesser, toucher mon âme sensible,

Ignorant que mon coeur est un château imprenable.

Ses insultes glissent, comme l'eau sur du sable,

Je suis une île, et lui, une vague dérisoire.

Je suis bien plus fort que tout ce qu'il peut dire,

Mes ailes déployées, je continue de vivre.

Son avis ne m'atteint, il n'a aucun pouvoir,

Je danse au rythme de mon coeur, et c'est tout

ce qui compte.

Ombres Invisibles

Je suis une énigme, un casse-tête médical,

Un chiffre dans un statistique, un cas spécial.

Ma maladie, un nom imprononçable,

Une ombre qui me suit, invisible et implacable.

Ils m'observent, me testent, cherche un coupable,

Mais les réponses se font attendre, insaisissable.

Je suis un îlot, seul au milieu de la mer,

Balayé par les vagues d'un espoir amer.

Fatigue chronique, douleurs lancinantes,

Un corps qui me trahit, des rêves brisants.

Je suis un caméléon, changeant de couleur,

Suivant les symptômes, un parcours douloureux.

Mais je ne me résigne, je me bats avec acharnement,

Pour trouver un traitement, un soulagement.

Ma voix s'élève, forte et déterminée,

Pour que les maladies rares ne soient plus oubliées.

Nous sommes des milliers, des millions peut-être,

Des visages cachés, des histoires à écrire.

Ensemble, nous sommes une force, un lumière,

Pour éclairer les ténèbres et vaincre la misère.

Immunité en panne

Je suis un château fort, assiégé de tous côtés,

Mon armée en lambeaux, mes défenses abîmées.

Chaque virus, une flèche qui me transperce,

Chaque bactérie, un soldat qui me déserte.

Fièvre, toux, fatigue, un cocktail explosif,

Mon corps, un champ de bataille, enfouis et chaotique.

Les médicaments, des pansements sur des plaies

béantes,

Mais rien n'arrête l'hémorragie, cette guerre incessante.

Je suis un navire à la dérive, sans boussole,

Balayé par les tempêtes, livré aux éléments fous.

Mon système immunitaire, un phare éteint dans la nuit,

Laissant mon corps sombrer dans l'abîme, sans bruit.

Mais au fond de moi, une étincelle résiste encore,

Un espoir ténu, une force qui implore.

Je me bats, je résiste, je refuse de céder,

Car la vie est un combat, qu'il faut toujours mener.

Masque

Grandis dans les années 80, un siècle en noir et blanc,

Où les couleurs de l'amour étaient un secret planqué.

Petit garçon, un coeur qui battait différemment,

Attiré par les garçons, un sentiment enfoui.

Les jeux de la cour, les regards échangés en cachette,

Un désir naissant, une peur qui m'empêchait de me révéler.

"C'est pas normal", chuchotaient les voix dans ma tête,

Alors j'ai appris à mentir, à jouer un autre rôle.

Les années passent, le masque se fissure peu à peu,

L'adolescence, une tempête intérieure.

Les regards accusateurs, les moqueries qui blessent,

J'ai cru que mon coeur était un fardeau immense.

Mais un jour, j'ai osé en lever ce masque qui me pesait,

J'ai crié haut et fort qui j'étais, sans plus me cacher.

L'émancipation, une libération, un nouveau départ,

Enfin libre d'aimer, sans plus avoir peur du regard.

Aujourd'hui, fier de qui je suis, je l'assume pleinement,

Mon histoire, un combat, une victoire intime.

Pour tous ceux qui luttent encore, je lève mon verre,

L'amour est une force, et l'acceptation notre terre.

Hexagone Eblouissant

De la côte d'Azur au Mont-Blanc enneigé,

Un tableau vivant,, un rêve éveillé.

Champs de lavande, vignobles ensoleillés,

Châteaux forts, cathédrales dévoilées.

Paris, la ville lumière, un écrin de nuit,

Seine scintillante, tour Eiffel qui s'illumine.

De la Loire à vélo, les paysages s'égrènent,

Des villages pittoresques, le coeur se régénère.

Les Alpes majestueuses, les Pyrénées sauvages,

La Bretagne mystérieuse, ses légendes et ses phares.

Des plages de sable fin aux forêts profondes,

La France, un trésor, mille fois féconde.

Et en Vendée, le paradis se dévoile,

Iles de beautés, plages sauvages, marais verdoyants.

Noirmoutier, Yeu, paradis iodé,

Où le temps s'arrête et l'âme se ballade.

Phare de l'Herbaudière, témoin des marées,

Vendée Atlantique, ses côtes escarpées.

Nature préservée, un havre de paix,

Où la vie est douce, loin du fracas.

Epaule en miettes

J'étais un acrobate, un oiseau en vol,

Jusqu'au jour où mon épaule a dit "non".

Luxation, encore et encore,

Un puzzle brisé, un corps à l'envers.

Les scalpel à tranché, la douleur a hurlé,

On m'a recollé, mais quelque chose à brûlé.

Phantom, fantôme, une douleur qui hante,

Chaque mouvement, un combat incessant.

Douche, un calvaire, impossible de toucher,

Le dos, cette zone, inaccessible à toucher.

La cafetière, un poids, un rêve inaccessible,

Prisonnier de mon corps, je suis révolté.

Mais je vais me battre, je vais me relever,

Même si la route est longue, je vais y arriver.

L'épaule en miettes, mais l'esprit intact,

Je reconstruirai mon monde, pas à pas.

Peau de chamois

Je suis une peau de chamois, tendue sur un tambour,

Frappée sans relâche par la pluie et le tonnerre.

Chaque virus est une flèche, chaque bactérie un boulet,

Je suis la cible, le dard, le point faible.

Mon corps, une forteresse assiégée,

Les murs s'efritent, les douves se vident.

Les symptômes, des drapeaux noirs qui flottent,

Annonçant ma défaite, ma fin prochaine.

Je suis un aimant à microbes, une mouche sur du miel,

Attirant les maux, toutes les maladies.

Mon système immunitaire, un garde-fou chancelant,

Incapable de me protéger, de me défendre.

Je suis un phare dans la tempête, mais sans lumière,

Un navire à la dérive, sans gouvernail ni boussole.

Je suis seul face à l'adversité, à la maladie,

Un combat inégal, une lutte sans merci.

Ode aux Fleurs

Blanche comme neige, la rose s'épanouit,

Un symbole de pureté, un amour qui s'unit.

Le lys, fièrement dressé, vers le ciel il tend,

Un regard pur et noble, une amitié sans fin.

La pivoine, voluptueuse, éclate en mille feux,

Une passion débordante, un amour qui enflamme

les yeux.

Dans chaque pétale, une histoire se raconte,

Un langage secret que la nature nous raconte.

Du jardin à la maison, elles embellissent nos jours,

Les fleurs, ces messagères, aux couleurs et aux parfums.

Un bouquet, un geste simple, qui parle plus que des

mots,

Un amour inconditionnel, qui nous vient du coeur.

Portrait d'un poète urbain

Micro en main, il pose ses mots, nus et francs,

Un orfèvre des rimes, un peintre des bancs.

Grand Corps Malade, un nom, une voix qui résonne,

Dans les coeurs et les rues, où la vie écorne.

De la banlieue aux scènes, il a tracé sa route,

Avec ses mots blessés, il a ému toute une foule.

Il nous raconte des histoires, celles du quotidien,

Avec une poésie crue, qui nous touche au plus profond.

Son slam, un cri du coeur, un hymne à la vie,

Il nous parle d'amour, de rêves, et de la folie.

Il est porte-parole d'une génération,

Qui cherche sa place dans un monde en mutation.

Plus qu'un artiste, c'est un phare dans la nuit,

Il nous guide avec ses mots, nous donne la foi.

Alors levons nos verres, à ce poète urbain,

Qui nous fait vibrer, et qui nous fera vibrer demain.

Ma prof, mon phare

Dans les couloirs du collège, un visage, un sourire,

Une prof de français, mon coeur qui aspire.

A ses mots, ses phrases, ses histoires à gogo,

Elle m'a ouvert les yeux, montré le beau côté.

Les livres, ses amis, des trésors à découvrir,

Un monde de mots où je peux toujours m'enfuir.

Elle m'a donné l'envie d'écrire, de créer,

De laissé mes émotions sur un papier.

Et puis, il y a eu ces repas, ces moments partagés,

Autour d'une table, où les rires ont résonnés.

Sa générosité, sa chaleur, une bouffée d'air frais,

Des souvenirs gravés, comme des éclats d'étoiles.

Merci, ma prof, pour tout ce que tu m'as apporté,

Pour cet amour des mots, qui en moi à germé.

Tu es mon phare, ma guide, mon inspiration,

Et je t'en serai toujours reconnaissant.

Masque et Lumière

Derrière les rideaux, un coeur qui bat la chamade,

Un rêve de planches, une envie qui s'évade.

Les mots des acteurs, une mélodie douce,

Je les entends résonner, une douce allumette.

Mais la peur me paralyse, un masque sur le visage,

La timidité m'enserre dans un étroit cernage.

Je suis spectateur, prisonnier de mon siège,

Tandis que la scène m'appelle, me dit: "

Viens, ose, engage".

J'aimerais tant, un jour, ôter ce masque pesant,

Et laisser éclater l'artiste qui sommeille en moi, latent.

Sous les projecteurs, livrer mon âme, mon chant,

Et partager avec le public, ce feu qui m'habite en avant.

Mais la peur est tenace, elle griffe et elle ronge,

Et me tient captif, dans ce rôle d'étranger.

Pourtant, je sens en moi cette force qui gronde,

Cette envie de m'exprimer, de ne plus rester à l'ombre.

Alors, je vais continuer à regarder, à écouter,

A m'imprégner de cette magie qui m'émeut.

Et peut-être un jour, je franchirai ce pas, tout doucement,

Pour enfin vivre ma passion, sans plus me détourner.

Feuilles de velours

Jaune, orange, rouge...un feu d'artifice doux,

Les arbres se parent de leurs plus beaux atours.

Les feuilles, de velours, dansent sur le sol,

Un ballet de couleurs, un spectacle à l'envol.

Sous un ciel gris, un tableau se dessine,

La nature se transforme, la vie s'affine.

Chaque feuille, une histoire, un chapitre qui tourne,

Un cycle sans fin, qui toujours nous étonne.

L'automne, saison de grâce, de mélancolie douce,

Où la beauté se révèle, dans chaque recoin de mousse.

Alors levons les yeux, et respirons à pleins poumons,

Ce parfum de terre humide et de feuilles brunes.

Pour moi

J'ai longtemps couru, les yeux rivés sur les autres,

A vouloir plaire, à rentrer dans leurs moules.

A étouffer mes rêves, mes envies, mes couleurs,

Pour me fondre dans la masse, devenir un leurre.

Mais un jour, lassé de ce masque, de ce jeu,

J'ai décidé de me regarder, de me dire "C'est peu !".

J'ai levé les yeux, j'ai tendu la main,

Vers un moi authentique, un nouveau terrain.

Oublier les "il fau", les "on dit", les "tu dois",

Et écouter mon coeur, mes désirs les plus fous.

Sortir des sentiers battus, tracer ma propre voie,

Et me libérer de toutes les chaînes, de toutes les joies.

Ce n'est pas de l'égoïsme, c'est de l'amour-propre,

Le droit de s'épanouir, de se découvrir.

De vivre sa vie à fond, sans compromis,

Et de se sentir enfin, vraiment compris.

Alors j'avance, tête haute, pas sûr de moi,

Mais la force de celui qui a choisi.

De choisir la vie, de choisir d'être moi,

Et de ne plus jamais m'effacer, ni me voir en moins.

Flou

Jadis, le monde, un tableau net, éclatant,

Les couleurs, vivantes, un rêve éveillant.

Mais le temps, implacable, à brouillé la vue,

Les contours s'estompent, la lumière s'atténue.

Les lettres minuscules, se fondent en un bloc,

Les visages s'éffacent, comme un vieux photobloc.

La joie des détails, un souvenir lointain,

Remplacée par un vision floue, en plein chagrin.

Chaque jour, un nouveau défi, une épreuve à surmonter,

L'évidence se cache, derrière un voile flou à percer.

L'âge avance, inéluctable, laissant des traces,

Marquant le corps et l'âme, avec ses vilaines glaces.

Mais dans cette obscurité, une lueur persiste,

L'amour, la famille, les amis, un trésor qui subsiste.

Et même si la vue baisse, l'esprit reste vif,

Pour savourer chaque instant, comme un cadeau inattendu.

Nuit Debout

Je suis un insomniaque, mais pas par choix,

Chaque tic-tac d'horloge est un rappel, un coup de gong.

La vessie pleine, un poids qui me tire,

Des nuits hachées, des rêves qui s'évaporent.

Aller-retour aux toilettes, un ballet nocturne,

Les yeux collés, le cops en lutte.

L'urologue, un mirage, un rendez-vous lointain,

Les couloirs de la santé, un labyrinthe humain.

Un kyste, voilà le verdict, un mot qui fait peur,

Une boule au ventre, une angoisse qui dure.

L'accès aux soins, un parcours du combattant,

La santé, un privilège, pas un droit garanti.

Mais je me tais pas, je lève ma voix,

Pour tous ceux qui souffrent, dans l'ombre, sans choix.

La nuit, je suis debout, mais je m'endors pas,

Jusqu'à ce que les soins soient accessibles à tous.

Silence, Petite

Mic droit, moteur qui hurle,

Un jeu morbide, une danse folle.

Les rues, nos cathédrales,

Souillées par ces cris de guerre.

Pneus qui crissent, vitres qui explosent,

La peur au ventre, le coeur qui bat.

Une fillette, sept printemps,

Ecrasée, un destin scellé.

Silence, petite, ta joie es muette,

Un cri sourd dans la nuit étoilée.

Les sirènes hurlent, les larmes coulent,

Un drame quotidien, un cauchemar vivant.

Les riverains pris en otages,

Souffrent en silence, impuissants.

Il faut dire stop, lever la voix,

Pour que nos villes retrouvent leur joie.

Unissons nos forces, changeons le cours,

Avant que d'autres vies ne s'éteignent.

Pour toi, petite, et pour tous les autres,

Nous ferons taire ce vacarme infernal.

Sirène et Silence

Dix ans, un nom, Julien,

Un visage d'ange, un coeur en ruine.

Sirène hurlante, campagne endormie,

Un choc brutal, une vie forcée.

Je cours, je lutte, contre la montre,

Un corps meurtri, une âme à l'outre.

Hélicoptère, espoir envolé,

Un petit coeur, qui s'est arrêté.

Les années passent, le souvenir reste,

Un fantôme qui hante mes gestes.

Chaque sirène, une épine,

Dans le coeur d'un pompier, qui peine.

Julien, dix ans, un nom gravé,

Dans les méandres de ma mémoire navré.

Un accident, un drame, une marque indélébile,

Un enfant parti, une douleur insoutenable.

Absence

Vingt visages, sourires figés,

Derrière des masques, des yeux hagards.

Pas de fête, pas de grand repas,

Juste l'amour, fragile comme un château de cartes.

Ma marraine, absente, un vide immense,

Une promesse brisée, une espérance éteinte.

Son rire, sa chaleur, un souvenir qui persiste,

Mais son absence, une douleur qui persiste.

Trois mois plus tard, le destin s'acharne,

Elle s'en est allée, sans même m'avoir vu briller.

Mon mariage, un rêve brisé en mille morceaux,

Un regret infini, comme un poids sur mes épaules.

Je l'aurais tant voulu là, à mes côtés,

Pour partager ce jour, ce bonheur, ces promesses.

Mais le virus à tout emporté,

Laissant derrière lui, des regrets et des caresses.

Les couleurs de l'âme

Dans le méandres de mon esprit, un chaos coloré,

Des pinceaux invisibles, peignent l'histoire ignorée.

L'inconscient, mon guide, me mène vers l'inconnu,

Sur la toile de ma vie, des rêves jaillissent, inconnus.

Chaque trait, une émotion, chaque couleur, un cri,

L'art, mon exutoire, où je peux enfin m'écrier.

Les forme se délient, les lignes se contorsionnent,

Un langage sans mots, où l'âme de dévoile, s'abandonne.

Dans les profondeurs obscures, des trésors se révèlent,

Des souvenirs enfouis, lentement se dévoilent.

L'art, miroir de l'âme, reflète ce que je suis,

Une mosaïque imparfaite, où chaque pièce à un sens.

Alors je crée, je façonne, je laisse aller mon instinct,

Sans peur du jugement, sans chercher à m'imposer un strict.

Car l'art est liberté, un souffle qui nous libère,

Un voyage intérieur, où l'on ce retrouve, entier.

Le poids des mots

Vingt ans, une éternité, où un instant ?

Depuis que j'ai osé dire qui j'étais, un fossé.

Un appel, une voix tremblante, un diagnostic cru :

Ma mère, mon roc, mon ancre, à la vie ou à la mort.

J'arrive, le coeur battant, l'esprit embrumé,

Un visage pâle, un regard vide, un monde qui s'éffondre.

Puis, une phrase glaçante, gravée à jamais :

"Tu l'as tuée, ta mère, c'est de ta faute".

Un coup de poignard, là où ça fait le plus mal,

Le poids des mots, une arme fatale.

L'amour maternel, mis à l'épreuve,

Dans l'épreuve de l'acceptation, de l'amour inconditionnel.

Mais le destin parfois, réserve des surprises,

Un miracle, un répit, une nouvelle vie.

Ma mère, contre toute attente, se relève,

Et moi, je reste là, à me demander, à me blâmer.

Vingt ans, une éternité ou un instant ?

Les blessures cicatrisent, mais les mots hantent.

L'homosexualité, un choix ? Un fardeau ?

Un amour filial, brisé puis recollé.

Mon premier cliché

Souviens-toi, ce jour de communion,

Un cadeau qui allait tout bouleverser.

Pas de livre, ni de médaille, non, non,

Mais un boîtier, un objectif à moi !

Ma grand-mère, sage et souriante,

M'a mis dans les mains un univers enchanté.

Un appareil photo, un passeport pour l'ailleurs,

Pour capturer les instants, les joies, les pleurs.

Dans le viseur, un monde nouveau s'offrait,

Chaque clic, une émotion qui jaillissait.

Les couleurs, les lumières, les ombres aussi,

Une palette infinie pour mes envies.

Des portraits aux paysages, des macros aux grands angles,
J'explorais, je créais, je devenais vagabond.
Chaque photo, une histoire d'amour,
Un souvenir à garder, un rêve à attraper.

Et puis, au fil des années, ma passion grandissant,
Mon regard s'affûtait, mon style se précisait.
Derrière l'objectif, je me retrouvais,
Libre, créatif, et jamais lassé.

Alors merci, mémé, pour ce précieux héritage,
Ce premier clic qui à tout changé.
La photo, c'est ma vie, mon art, mon refuge,
Un voyage sans fin, un bonheur infusé.

Le pouvoir des mots

Des mots, des mots, des milliers de mots,

Armes secrètes, trésors enfouis.

Ils peuvent te hisser au sommet des cieux,

Ou te plonger dans les abysses les plus fous.

Un sourire, un "je t'aime", un simple bonjour,

Des mots qui réchauffent, qui font du bien au coeur.

Ils peuvent guerrir les blessures les plus profondes,

Et te donner la force de vaincre la peur.

Mais attention aux mots, ils peuvent blesser,

Comme des flèches empoisonnées.

Laisser des traces indélébiles,

Et te faire douter de ta valeur.

Alors choisis tes mots avec soin,

Fais-en des outils pour construire ton destin.

Car les mots ont le pouvoir de transformer,

De guérir, d'inspirer, de libérer.

Alors lève la voix, crie tes mots,

Fais vibrer les coeurs, les âmes, les corps.

Les mots sont ton héritage, ton trésor,

Utilise-les pour changer le monde, pour

faire le bien autour de toi.

Ombre de classe

Dans l'ombre de la classe, un monstre se cachait,

Une maîtresse cruelle, mon âme elle attaquait.

Ses mains, des serres, me glaçaient le sang,

Chaque mot, une pierre, mon coeur en sang.

Petites mains qui tremblaient, voix qui s'éteignait,

Chaque jour, une nouvelle épreuve à affronter.

L'échec, mon seul ami, ma plus grande honte,

Sous un regards accusateur, je me sentais moins

que quiquonque.

Mais l'enfant que j'étais, a grandis et s'est fortifié,

Ces cicatrices, désormais, elles m'ont solidifié.

Je suis devenu plus fort, plus grand, plus libre,

Loin de cette ombre, j'ai trouvé ma propre fibre.

Aujourd'hui, je l'affirme, haut et fort,

Je ne suis plus cette victime, j'ai pris un nouveau départ.

Je suis maître de mon destin, de mes rêves, de ma vie,

Et je laisse derrière moi, ce passé qui me détruisait.

Mon Roc

Je l'ai rencontré un jour de pluie,

Un sourire qui illuminait ma vie.

Il m'a pris tel que je suis,

Malgré les épreuves, les soucis.

Une maladie a frappé à ma porte,

L'ombre de la peur, un coeur en morceaux.

Mais lui, il était là, mon roc, ma force,

Chassant les doutes, avec sa douce source.

Il m'aide à respirer, à rêver, à vivre,

Redonnant à mes jours, un nouveau livre.

Avec lui, chaque instant est précieux,

Un amour sincère, véritable et sérieux.

Dans ses bras, je me sens en sécurité,

Loin des tourments, de l'adversité.

Il est mon soleil, ma lumière, mon guide,

L'homme de ma vie, celui qui me confie.

Alors, je lève mon verre à cet amour infini,

A celui qui m'a donné vie.

A mon mari, mon héros, mon ami,

Ensemble, nous affronterons n'importe quoi.

De l'écritoire à l'éditeur

Une page blanche, un océan d'idées,

Un stylo en main, l'aventure commence à naître.

Mots qui dansent, phrases qui s'enchaînent,

Une histoire à bâtir, une âme à révéler.

Des nuits sans sommeil, des cafés brûlants,

Des doutes qui rongent, des espoirs qui palpitent.

Rejets après rejets, l'espoir vacille,

Mais la passion brûle, toujours plus ardente.

Editeur, mirage ou réalité ?

Un sésame à déchiffrer, une porte à ouvrir.

Manuscrit en poche, on frappe aux portes,

Cherchant un regard, une oreille pour écouter.

Alors on persévère, on croit en son rêve,

On se bat pour ses mots, on les faits vivre.

Car écrire, c'est créer un univers,

Et partager ses émotions, c'est un univers.

Chacun son monde

Je suis un volcan, en éruption constante,

Un kaléidoscope d'idées, une palette infinie.

L'objectif capte mes rêves, les fige un instant,

Les pinceaux dansent, les couleurs s'enflamment.

Les objets usés, je leur offre une seconde vie,

Des mots jaillissent, libres et vivants.

Mon cerveau, une fourmilière, toujours en activité,

L'imagination, mon terrain de jeu, mon paradis.

Je suis un artiste, un créateur, un rêveur,

Mon monde intérieur, un univers à découvrir.

Chaque jour, une nouvelle aventure, une nouvelle oeuvre,

L'art, mon oxygène, mon moteur, ma demeure.

Corps en panne

Fragile enveloppe, mécanique défaillante,

Prison de chair, esprit tourmenté.

Chaque battement, une lutte, une souffrance,

Corps en panne, âme ébranlée.

Pilules avalées, seringues plantées,

Examens, radios, attentes infinies.

Corps médicalisé, mais toujours malade,

Prisonnier d'un système qui me nie.

Fatigue chronique, douleurs lancinantes,

Angoisses qui m'étouffent, nuits sans sommeil.

Corps en révolte, esprit résigné,

Prisonnier d'un corps que je connais plus.

Je crie ma douleur, ma colère aussi,

Contre cette santé qui m'échappe, qui fuit.

Je réclame le droit d'être bien, d'être soi,

Loin des ces maladies qui me poursuivent.

Derniers Actes

Quelques printemps encore, disent-ils,

Mais le sablier s'égoutte, goutte à goutte.

La maladie, mon invité surprise,

A déjà réservé ma dernière suite.

Je prépare mon départ, en toute lucidité,

Choisis mes mots, mes notes, mes mélodies.

Des roses blanches pures, pour fleurir ma sortie,

Un bouquet d'adieux, un dernier sourire.

Je ne pleure pas, je danse avec le temps,

Chaque instant est une étoile filante.

Je grave mes souvenirs, un à un,

Et l'amour, mon phare, guide ma route.

Je pars, mais je laisse derrière moi,

Des traces de mon passage, des éclats de moi.

Dans les coeurs que j'ai touchés, dans les rêves

que j'ai semés,

Je serai toujours là, dans un souffle, dans un poème.

Ils parlent de fin, de deuil, de tristesse,

Moi, je vois une fête, une promesse.

Une célébration de la vie, intense et brêve,

Un dernier bal où je serai le Roi.

Des couleurs vives, des rires, des chansons,

Pas de larmes, mais des émotions.

Je veux que mon départ soit un pont vers l'inconnu,

Une fête où chacun pourra se souvenir de moi, luisant.

Eclats de joie

Sous un ciel d'azur, ou gris ou pluvieux,

La vie danse, un ballet joyeux.

Un coeur qui bat, une âme en feu,

Chaque instant est un nouveau lieu.

Des rires d'enfants, des larmes de joie,

Des rêves qui volent, toujours plus loin.

Les sens en éveil, une douce folie,

La vie est un cadeau, un trésor lointain.

Les amis, la famille, un amour sincère,

Des moments partagés, une histoire à écrire.

Chaque rencontre, une nouvelle fenêtre,

Sur un monde plein de couleurs à découvrir.

Alors, levons nos verres à la vie, à l'amour,

A chaque instant qui passe, à chaque jour.

Dansons, chantons, vivons à fond,

Car la vie est belle, c'est un don.

Douleur Testiculaire

Imaginez, un coup, un choc, une sensation bizarre,

Un poids qui tire, une douleur qui caracole.

Les testicules, ces petits jumeaux, si précieux,

Subitement en feu, une torture impérieuse.

Je marche, je boite, je me tiens le bas-ventre,

Chaque pas un supplice, un cauchemar sans fin.

Les regards se posent, les questions fusent,

"Ca va ?" me demande t-on, mais qui peut comprendre ?

C'est plus qu'une douleur, c'est une angoisse profonde,

Une peur de l'inconnu, un corps mis à l'épreuve.

Les heures s'égrènnent, les minutes s'étirent,

Et cette douleur lancinante ne m'épargne pas.

Alors je crie, je hurle, je veux que çà cesse,

Mais les mots me manquent, je suis à bout de force.

Je me renferme sur moi-même, dans ma souffrance,

En espérant que le temps apaise cette souffrance.

Couleurs de l'âme

Je suis né avec un pinceau dans la main,

Un coeur qui bat au rythme du refrain.

L'art, mon oxygène, mon pain quotidien,

Une toile blanche, un monde à inventer.

Chaque trait, une émotion qui jaillit,

Chaque couleur, une histoire qui s'écrit.

Dans les méandres de mon imagination,

Je danse avec les formes, la création.

La passion brûle en moi, un feu sacré,

L'art, mon refuge, où je suis libéré.

Je crie, je pleure, je ris sur la toile,

Un langage universel, sans parole.

Alors, laissez-moi créer, sans retenue,

Peindre, sculpter, danser, vivre à toute épreuve.

L'art, c'est ma vie, mon âme en émoi,

Un voyage sans fin, où je veux m'envoler.

Ma vie, mon choix

J'ai un feu qui brûle en moi, une flamme indomptable,

Un désir profond de vivre ma vie sans entrave.

Mais des voix s'élèvent, des murmures sournois,

"C'est pas bien", "Tu devrais", des jugements oisifs.

Je veux danser sous la pluie, chanter à tue-tête,

Peindre mes rêves en couleurs vives et nettes.

Mais la peur me guette, le regard des autres,

Qui m'enferment dans des cases, des rôles maladroits.

Non, je ne veux plus me conformer, me cacher,

Je lève haut la tête, je vais me libérer.

Ma voix est puissante, elle porte mes désirs,

Je suis unique, je suis fort, je suis un feu qui s'attise.

Alors, laissez-moi voler, laissez-moi briller,

Je ne serai plus le reflet de vos désirs.

Je suis maître de mon destin, de mes choix,

Et je vivrai ma vie à ma façon, sans compromis.

Plus un enfant

J'étais petit, on me portait, on me berçait,

Un monde de coton, de sucre et de lait.

Mais les années ont filé, le temps à passé,

Et moi, j'ai grandi, doucement, sûrement, sans

y penser.

On me disait quoi faire, quoi penser, quoi dire,

Un pantin, une marionnette, a leurs fils je devais

m'astreindre.

Mais aujourd'hui, j'ai grandi, je vois plus clair,

Je ne suis plus ce petit garçon, je veux m'affranchir.

Fini les jeux d'enfant, les bêtises, les écarts,

Je suis un homme maintenant, avec mes propres

combats.

Je veux tracer ma route, écrire mon histoire,

Sans leur aide, sans leur avis, je veux prendre ma victoire.

Je ne suis plus le petit garçon, qu'on manipule,

Je suis un homme debout, fort et indomptable.

Conquête de soi

J'étais prisonnier, enfermé dans ma tête,

Un oiseau en cage, rêvant de liberté.

Les barreaux invisibles me retenaient,

Emprisonné par mes doutes, mes peurs.

Mais un jour, une étincelle jailli,

Une force intérieure m'a poussé à grandir.

J'ai brisé les chaînes qui me liaient,

Et je me suis élevé, toujours plus haut.

Maintenant, je plane, libre comme l'air,

Le monde s'ouvre à moi, plein de couleurs.

Chaque instant est une nouvelle aventure,

Je suis enfin moi-même, sans aucune mesure.

J'ai pris mon envol, les ailes déployées,

Vers de nouveaux horizons, jamais explorés.

La liberté est mon trésor, mon plus beau but,

Je vole, je rêve, je suis tout.

Chauve et fier

J'étais jeune, une tignasse rebelle,

Un nid d'oiseau sur ma tête, quelle belle.

Puis les tempes ce sont dégarnies,

Un miroir qui m'a menti.

Au début, c'était la guerre,

Un combat contre le temps qui s'enfuit.

Chapeaux, crèmes, remèdes miracles,

Je cherchais à cacher les cicatrices.

Mais un jour, j'ai levé les yeux,

J'ai vu des hommes, forts et heureux.

Chauves, certes, mais avec un regard clair,

Une assurance qui me faisait briller.

Et là, j'ai compris, c'était moi le problème,

Pas mes cheveux, ni ce reflet sur mon crâne.

J'ai rasé tout çà, une libération,

Un nouveau départ, une autre sensation.

Aujourd'hui, je suis chauve et fier,

Plus de complexes, plus de peur.

Ma calvitie, c'est mon histoire,

Une partie de moi, une victoire.

Trésors d'antan

Week-end, soleil, vide-greniers...

Mon coeur balance, ma curiosité s'enflamme.

Parmi les objets, poussiéreux et anciens,

Je plonge, rêveur, dans les souvenirs d'antan.

Une théière ébréchée, un livre aux pages jaunies,

Des boutons de nacre, des bijoux oubliés.

Chaque objet raconte une histoire, un destin,

Un passé lointain, mais pas tout à fait éteint.

Je caresse les objets, les tourne et les retourne,

Imaginant les vies qu'ils ont accompagnées.

Un instant suspendu, hors du temps, hors de l'ourne,

Où les souvenirs s'échangent et se mêlent.

Dans ces marchés aux puces, je me sens vivant,

Connecté à l'histoire, à l'humanité.

Les vide-greniers, c'est plus qu'un simple loisir,

C'est un voyage dans le temps, une échappatoire.

Le temps, Mon allié

Le temps, ce voleur, disent-ils,

Qui emporte tout sur son passage.

Mais je le vois autrement, amis,

Un sage guide, un doux présage.

Il marque nos rides, nos cheveux blancs,

Mais il nous offre aussi la sagesse.

Chacune des épreuves passées,

Nous rend plus fort, plus sage.

Les années filent, c'est vrai,

Mais elles enrichissent nos vies.

Chaque instant, un nouveau chapitre,

Où l'esprit renaît, où l'amour s'enfuit.

Alors levons nos verres, à ce temps qui fuit,

Car il nous façonne, nous rend unique.

Et même si parfois, il nous blesse,

Il nous apprend à vivre, à aimer, à briller.

Briser les limites

Je suis né dans un cocon, douillet et chaud,

Mais l'appel du vide, un jour, s'est fait entendre

à mon chaud.

J'ai senti l'envie de m'envoler, de me libérer,

De quitter ce nid douillet, pour aller plus loin,

je devais oser.

Au début, la peur me tenaillait, l'inconnu me paralysait,

Mais la soif d'aventure, elle me brûlait.

J'ai pris mon courage à deux mains, j'ai franchi le pas,

Et je me suis lancé, tête baissée, dans ce grand fracas.

Les obstacles se sont dressés, plus haut que moi,

Mais à chaque chute, je me relevais, plus fort que moi.

Les doutes m'ont assailli, mais la foi m'a guidé,

J'ai continué ma route, jusqu'au bout, j'ai persévéré.

Aujourd'hui, je suis fier de ce que je suis devenu,

J'ai dépassé mes limites, je me suis surpassé.

Et je sais que le chemin est encore long, mais je suis prêt,

A relever de nouveaux défis, à vivre un vie intense.

Mains Captives

Dix doigts, dix outils, une symphonie muette,

Mais aujourd'hui, ils sont révoltés, ils se mutinent.

Douleur sourde, crampes tenaces, une prison de chair,

Mes doigts, autrefois agiles, sont désormais étrangers.

Chaque geste est un combat, une lutte sans merci,

Un bouton à fermer, une page à tourner, une éternité.

Les objets les plus simples deviennent des montagnes insurmontables,

Mais la vie, autrefois fluide, est désormais hachée, lamentable.

Je les regarde, impuissant, ces doigts qui se contorsionnent,

Ils me rappellent ma vulnérabilité, mes limites.

Mais je refuse de me laisser abattre, de me résigner,

Je vais leur montrer que même enfermés, ils peuvent briller.

Je vais trouver de nouvelles façons de créer, de toucher, d'aimer,

Je vais transformer ma douleur en force, ma faiblesse en flamme.

Car mes doigts, malgré leurs chaînes, restent une partie de moi,

Et je porterai haut, avec fierté, jusqu'au bout de ma vie.

Tous différents, tous uniques

On me dit "T'es pas comme les autres",

Un compliment ? Une insulte ? je ne comprends plus.

Chacun a sa couleur, sa forme, son histoire,

Pourquoi vouloir, nous mettre dans la même boîte ?

Les différences, c'est comme les étoiles,

Elles brillent chacune à sa façon.

Pourquoi vouloir les éteindre, les faire toutes pareilles ?

Ce serait un ciel bien triste, une nuit sans couleur.

On juge, on catégorise, on met des étiquettes,

Mais qui a le droit de dire qui est bien, qui est mal ?

La perfection n'existe pas, c'est une illusion,

La diversité, c'est la vrai beauté du monde.

Alors, la prochaine fois que tu croises quelqu'un de différent,

Ne le juge pas, ne le rejette pas.

Accepte-le tel qu'il est, avec ses qualités et ses défauts,

C'est en étant unis dans nos différences que nous avancerons.

Béton armé, Ciel dégarni

On a bétonné nos rêves, asphalté nos espoirs,

Créé des jungles de bêton, loin des grands dehors.

Plus d'arbres pour nous abriter, plus de terre pour boire,

On a oublié la nature, pour mieux pouvoir exploiter.

Les pluies tombent en trombes, les rivières débordent,

Les villes sont inondées, les champs se désespèrent.

On a construit sur des lits de rivières, des zones à risques,

Et maintenant en pleure, les pieds dans l'eau frisque.

Les canicules nous brûlent, la sécheresse nous ronge,

On a oublié la terre, on l'a rendue étrangère.

Plus d'eau pour nos cultures, plus d'air pour respirer,

On a tout sacrifié, pour pouvoir consommer.

Il faut changer nos habitudes, repenser notre façon de vivre,

Planter des arbres en ville, pour que la nature revive.

Créer des espaces verts, des toits végétalisés,

Pour que l'eau puisse s'infiltrer, et que la vie soit dynamisée.

Béton armé, ciel dégarni, c'est un cri d'alarme,

Réveillons-nous, avant qu'il ne soit trop tard,

Pour un avenir plus vert, plus doux, plus calme.

Xynthia, la cicatrice

Vent hurlant, mer en colère,

Nuit noire, terre en colère.

Xynthia, nom de tempête,

A laissé sa marque, une empreinte.

Vagues déferlantes, maisons englouties,

Vie fauchées, famille anéanties.

29 âmes, emportées en un éclair,

Dans le sommeil, sans un cri, sans un clair.

La Faut-sur-mer, blessée, meurtrie,

Une plaie béante, un coeur meurtri.

Les souvenirs s'effacent, les traces restent,

Un paysage marqué, un destin brisé.

Mais de ces ruines, renaîtra la vie,

Plus forte, plus unie, malgré la tempête.

Un hommage aux disparus, un cri d'espoir,

Pour ne jamais oublier, pour toujours se souvenir.

Masque de chair

Je suis un masque de chair, un visage qui cache,

Des cicatrices invisibles, des peurs qui détache.

SIDA, quatre lettres, un poids sur le coeur,

Un virus sournois, un combat sans vainqueur.

Je suis un corps fragile, un esprit blessé,

Un rêve brisé, une jeunesse oppressée.

Stigmates et jugements, une chape de plomb,

L'isolement, un gouffre où l'on sombre à fond.

Mais je me relève, je lève la tête,

Je crie haut et fort, pour que cesse cette fête.

La fête de l'ignorance, de la peur,

La fête de la haine, qui nous empêche de vivre en

soeur et en frère.

Alors ouvrons les yeux, brisons les tabous,

Parlons de ce fléau, sortons du doute.

Protégeons-nous, aimons-nous, soyons solidaires,

Ensemble, nous vaincrons, nous serons les vainqueurs.

Tous ensemble, un seul rythme

Imagine un monde où chacun a sa place,

Où les différences s'unissent comme une grâce.

Fini les jugements, les regards qui blessent,

Ensemble, on avance, on se dépasse.

Chacun porte en soi, une histoire unique,

Un trésor caché, une force oblique.

Ensemble, on crée un arc-en-ciel vibrant,

Un hymne à la diversité, un chant exaltant.

Alors ouvrons nos coeurs, brisons les barrières,

Construisons un monde où l'espoir fleurira.

Main dans la main, pas à pas, on avance,

Vers un avenir où l'inclusion nous bénie.

Un monde sans barrière

Imagine un monde où tous les chemins sont ouverts,

Où chaque pas est une victoire, chaque rêve découvert.

Fini les obstacles, les portes fermées,

Un monde accessible, où chacun se sent estimé.

Pour les yeux qui ne voient pas, des couleurs qui parlent,

Pour les oreilles qui n'entendent pas, des mots qui enchantent.

Pour les jambes qui ne marchent pas, des rampes qui guident,

Pour tous les coeurs qui battent, un monde qui unit.

Ensemble, construisons un monde où chacun à sa place,

Où l'inclusion est la règle, pas une simple grâce.

Brisons les murs, les préjugés, les idées reçues,

Un monde où la différence est une richesse accrue.

Ombre Ephémère

Dans les recoins de mon âmes, un soir gris s'installe,

Une mélancolie qui m'enveloppe et m'étale.

Comme une ombre éphémère, elle danse sur mon coeur,

Et me murmure des secrets, doux-amers à fleur.

Je suis un bateau perdu en mer de souvenirs,

Les vagues de tristesse me submergent, me désunissent.

Chaque soupir est un écho, un cri étouffé,

Dans ce labyrinthe intérieur, où je suis ensorcelé.

Mais dans cette noirceur, une lueur persiste,

Un espoir ténu qui m'invite à résister.

Car la mélancolie, c'est aussi une force,

Qui nous pousse à nous redéfinir, à nous renforcer.

Alors je respire, je sens les larmes couler,

Et je laisse cette émotion me transformer, grandir.

Car la vie est un cycle, et la mélancolie aussi,

Un passage obligé vers un nouveau soi.

Etincelles d'espoir

Dans un monde souvent sombre, où l'actualité nous assomme,

Il y a des lueurs, des étincelles, qui nous font nous ressommer.

Ce ne sont pas les grands gestes, les titres qui défrayent la chronique,

Mais les petits riens du quotidien, qui nous donnent de l'espoir, une chronique.

Un sourire d'enfant, un rayon de soleil qui perce les nuages,

Un café chaud entre amis, qui éveille nos sens et nos espoirs sauvages.

Une main tendue, un mot gentil, un regard qui nous comprend,

Des gestes simples, mais si précieux, qui nous font nous sentir bien.

Un livre qui nous transporte, une musique qui nous émeut,
Une nature qui nous apaise, une rencontre qui nous éblouit.
Ces instants volés, ces petits bonheurs, ces pépites de vie,
Nous rappellent que la beauté existe, et qu'il faut y croire.

Alors, ouvrons grands nos yeux, nos coeurs et nos esprits,
Pour saisir ces instants fugaces, ces petits bonheur, ces petits plis.
De bonheur qui se dessinent au fil des jours, des heures,

des minutes,

Et qui nous donnent la force d'avancer, malgré les tempêtes et les ruines.

Car l'espoir, c'est comme une flamme, fragile mais tenace,

Qu'il faut alimenter chaque jour, avec patience et grâce.

Et même si le monde nous paraît parfois injuste et cruel,

Ces petites étincelles d'espoir, nous rappellent que nous ne sommes pas seul.

Eclats d'Amour

Amour, mirage ou réalité ?

Etincelle qui s'enflamme, puis s'éteint.

Papillon aux ailes de soi, ou épée à double tranchant ?

Tu es le chaos et l'ordre, le rire et les larmes.

Je t'ai cherché dans les yeux de l'inconnu,

Dans les rires d'enfant, dans les baisers volés.

Tu t'es caché sous les masques, dans les ombres,

Mais tu es aussi là, à portée de main, dans un simple regard.

Amour, es-tu la flamme qui consume ou le baume qui apaise ?

Es-tu le rêve éveillé ou le cauchemar qui hante ?

Tu es la force qui me pousse à l'avant,

Et le poids qui m'empêche de voler.

Je t'ai aimé fougeusement, passionnément,

Puis je t'ai haïs de toutes mes forces.

Tu m'as élevé aux sommets, puis tu m'as précipité dans l'abîme,

Mais tu es toujours là, au fond de mon coeur.

Amour, es-tu le paradis ou l'enfer ?

Es-tu le ciel ou l'enfer ?

Tu es tout cela à la fois, et bien plus encore.

Tu es l'éternité dans un instant, l'infini dans une étreinte.

Je cherche encore, je te désire encore,

Je te fuis et je t'attire à la fois.

Car l'amour, c'est un mystère, une énigme,

C'est la plus belle et la plus douloureuse des aventures.

Maya, mon monde en jaune et noir

J'étais petit, un gamin perdu dans un rêve en jaune et noir,
Maya l'abeille, mon héroïne, mon repère, mon nord.
Je voulais butiner le monde, comme elle, libre et légère,
Chaque matin, je me levais, prêt à vivre une aventure en rangée.

Je volais de fleur en fleur, imaginant mon propre essaim,
Les abeilles, mes amies, les fleurs, mon royaume.
Je connaissais chaque bourdonnement, chaque battement d'aile.
Maya, mon amie, mon modèle, ma vie parallèle.

Et puis, une petite soeur est née, un rayon de soleil dans

ma vie,

Mais j'avais déjà choisi son prénom, sans même l'avoir vue : Maya.

Je l'imaginais avec des ailes, butinant les jouets éparpillés,

Une petite abeille à mes côtés, ça aurait été parfais, tu vois.

Mais non, mes parents ont préférés Vanessa, un prénom plus doux,

Mon rêve s'est envolé, comme une abeille blessée.

J'étais triste, déçu, un peu perdu dans mon monde,

Maya, mon amie imaginaire, était restée bien loin.

Les années ont passées, j'ai grandi, mais Maya est toujours là,

Un souvenir d'enfance, un rêve qui m'a bercé.

Et même si ma soeur n'a pas d'ailes, elle est précieuse à mes yeux,

Mais parfois, quand je regarde les abeilles, je pense à ce que j'aurais pu.

Eclats d'obscurité

Lumières qui explosent, étoiles qui filent,

Un kaléidoscope fou dans mon esprit.

Ombre qui danse, vision qui s'éteint,

La migraine me frappe, mon corps s'éteint.

Un éclair aveuglant, un coup de poignard,

Mon oeil, un phare brisé, un phare en retard.

Les couleurs s'effacent, les formes se brouillent,

Le monde se fissure, mon esprit se brouille.

Prisonnier de l'obscurité, je suis seul,

Un combat silencieux, une douleur cruelle.

Les heures s'étirent, interminables, lentes,

Les secondes s'égrainent, comme des tournesols.

Le temps se dilate, l'espace se rétrécit,

Chaque battement de coeur, un écho qui s'écrit.

Les mots se referment, l'angoisse me serre,

Un cauchemar éveillé, une peur qui me dévore.

Je me vois flotter, perdu dans un océan noir,

Les vagues de douleurs me submergent, toujours plus fort.

Je crie, mais personne n'entends mon appel,

Isolé dans ma souffrance, je suis seul à me débattre.

Mais au fond de moi, une étincelle persiste,

Une volonté de vivre, une force qui résiste.

Je me raccroche à ce fil, à ce dernier espoir,

Pour retrouver la lumière et pouvoir m'en sortir.

Je visualise un chemin, une sortie de ce tunnel,

Je me concentre sur ma respiration, je me détend.

Petit à petit, l'obscurité recule,

Et les couleurs reviennent, plus belles que jamais.

Je suis né de nouveau, fortifié par l'épreuve,

Plus conscient de la fragilité de la vie.

Je porterai cette marque, cette cicatrice invisible,

Mais elle me rendra plus fort, plus résiliant.

Résonnances

Ils viennent, coeurs ouverts, les mots hésitants,

Je suis le réceptacle de leurs tourments.

Joie d'être le confident, l'oreille attentive,

Mais le poids des mots, parfois, me devient pesant.

Je suis le miroir de leurs âmes en détresse,

Je vois leurs blessures, leurs espoirs, leurs faiblesses.

Une empathie profonde me lie à leurs histoires,

Mais cette connexion, peut parfois me consumer.

Leur bonheur me réjouit, leur peine me touche,

Je danse avec leurs émotions, je les approuves.

Mais la frontière est mince entre donner et recevoir,

Et parfois, j'ai besoin de me retirer.

Leur confiance est un cadeau précieux et fragile,

Je le porte avec soin, dans ma mémoire intangible.

Mais être un confident, c'est aussi un fardeau,

un poids que je choisis, mais qui me transforme peu à peu.

Fleur dans la tempête

Fruit d'un désir mal placé,

Engendrée dans la douleur et la lassitude.

Un père volage, un coeur en lambeaux,

Une mère prisonnière de ses voeux.

Pour le garder, elle t'a conçue,

Ignorant l'abîme où tu sera jetée.

Dans ses bras , tu n'a jamais senti la chaleur,

Seulement le poids d'une erreur.

Un amour absent, une tendresse feinte,

Dans un monde où tu n'étais qu'un point

d'interrogation.

Les berceuses étaient des lamentations,

Les câlins, de froides consolations.

Grandissant dans l'ombre, tu as appris à ta battre,

A défier le destin qui t'avais battue.

Les mots durs, les regards accusateurs,

N'ont fait que renforcer ta carapace.

Tu es devenue l'ombre de ta mère,

Un reflet de ses erreurs, de ses désirs.

L'adolescence, une tempête en toi,

Des questions sans réponses, une soif de savoir.

Pourquoi moi ? Pourquoi cette souffrance ?

Tu cherches des réponses, mais elles se volatilisent.

Tu te noie dans les livres, les musiques,

Pour échapper à cette réalité qui te mutile.

Aujourd'hui, femme, tu porte tes cicatrices,

Des marques indélébiles de tes blessures.

Mais tu es debout, la tête haute,

Ayant surmonté les épreuves.

Tu as appris à t'aimer, à pardonner,

Même si les blessures saignent encore.

Tu ne hais pas ta mère, tu la comprends.

Prisonnière de ses choix, de ses peurs.

Son absence t'a forgée, t'a rendue forte,

Tu es le fruit d'une histoire douloureuse,

Mais tu es aussi, la promesse d'un avenir meilleur.

La mise à nu

J'ai ouvert les pages, un coeur à vif,

Un livre, mon miroir, ma vérité.

Les mots ont coulés, légers puis lourds,

Mes joies, mes peines, à fleur de peau.

J'ai dévoilé mes blessures, mes cicatrices,

Les secrets que je gardais enfouis.

Mes doutes, mes peurs, mes victoires,

Tout s'est épanché, sans artifices.

Ils vont lire, mes proches, mes amis,

Ceux qui me connaissent, ceux qui m'aiment.

Vont-ils me comprendre, au-delà des mots ?

Vont-ils me juger, ou m'accueillir tel que je suis ?

J'ai peur du regard, du jugement,

De voir s'éffondrer ce que j'ai construit.

Mais l'espoir me guide, une lueur dans la nuit,

Que l'amour soit plus fort que tout.

J'ai osé être moi, entier, vulnérable,

Dans ces pages, mon âme se dévoile.

Et si je perds quelques regards,

J'aurai gagné en authenticité.

Car la vérité libère, même si elle fait mal,

Elle nous rend plus forts, plus vrais.

Et peut-être que dans ces mots,

Ils trouveront un écho de leur propre histoire.

Alors je lance un message, un cri du coeur,

Aux lecteurs qui tourneront les pages.

Accueillez mes faiblesses, mes forces,

Avec bienveillance et sans arrière-pensée.

Car dans ce livre, je me suis mis à nu,

Pour que vous me connaissiez, vraiment.

Et si vous me comprenez,

Alors j'aurai réussi ma quête.

Entre Nous

Dans ces pages, j'ai dénudé mon âme,

Mis à vif mes espoirs, mes doutes, mes flammes.

Chaque mot, une écorchure, une cicatrice,

Une part de moi, offerte sans artifice.

En écrivant, j'ai appris, découvert, grandi,

Plongé au plus profond de mon être, ébloui.

Ces lignes sont un miroir, un reflet sincère,

Un voyage intérieur, mis à ta portée.

Si ce livre résonne en toi, un seul instant,

Si tu y a trouvé un écho, un réconfort,

Alors ma mission est accompli, c'est un don.

Merci d'avoir partagé ce moment fort.